Kankyo Tannier

Unterwegs ins Hier und Jetzt

KANKYO TANNIER

UNTERWEGS INS HIER & JETZT

Buddhistische Impulse,
um aus jedem Moment
das Beste zu machen

Aus dem Französischen übersetzt von
Maike und Stephan Schuhmacher

Lotos

Die französische Originalausgabe erschien 2018 unter dem Titel »A la Recherche du temps present« im Verlag Editions First, einem Imprint von Edi8, Paris.

FSC
www.fsc.org
MIX
Papier aus verantwortungsvollen Quellen
FSC® C014496

Verlagsgruppe Random House FSC®-N001967.

Erste Auflage 2019

Redaktion: Jürgen Teipel
Einbandgestaltung: Guter Punkt, München unter Verwendung von Motiven von © Maljuk/gettyimages und © pharut/gettyimages und eines Fotos von Jean-Luc Fournier
Satz: Satzwerk Huber, Germering
Druck und Bindung: GGP Media GmbH, Pößneck
ISBN 978-3-7787-8290-3

www.ansata-integral-lotos.de
www.facebook.com/Integral.Lotos.Ansata

»Zen wird oft die Spiritualität des Alltags genannt. Jede unserer Handlungen ist einzigartig und verdient daher unsere größte Beachtung.«

Zen-Meister Olivier Reigen Wang-Genh
im Rahmen einer im buddhistischen
Kloster Ryumonji (Elsass) gegebenen Unterweisung.

Inhaltsverzeichnis

Einführung

Wozu dieses Buch?

Eine grundlegende Erfahrung

Vor rund zehn Jahren arbeitete ich in Straßburg als Lehrerin für Stimmbildung und begann, Kurse in Zen-Meditation zu geben. Um zu viel Fahrerei zu vermeiden, hatte ich eine Zweitwohnung im Studentenviertel gemietet, denn ich verbrachte zwei Drittel meiner Zeit in einem Zen-Kloster auf dem Land und ein Drittel im Herzen der Innenstadt. Ein heikler Balanceakt zwischen zwei Leben, eine ganz besondere Erfahrung, die es mir erlaubte, verschiedene Atmosphären, verschiedene Milieus zu erfahren und dabei im ständigen Übergang meine Anpassungsfähigkeit an zwei verschiedene Welten auf die Probe zu stellen.

Doch im tiefsten Inneren dieser Kontraste begann ein Unbehagen zu wachsen. Einerseits das Kloster mit seinen täglichen Meditationen, langen Zeiten der Stille und – der geltenden Methode entsprechend – einem »der Suche nach dem Absoluten« geweihten Leben. Andererseits eine Art Religion des Wohlstands, des Konsumrausches, immer höherer Zielsetzungen und der unvermeidlichen Burn-outs. Und ein solch großer Graben zwischen diesen beiden Weltanschauungen! Am Morgen rezitierte ich Sutras in der Kapelle; zwei

Stunden später schlürfte ich einen Kaffee auf einem Kneipenschiff und las dabei die vermischten Meldungen in der Tageszeitung. All dies in einem Getöse von Gedanken, die das emotionale Unwohlsein, das mich ergriffen hatte, widerspiegelten.

Denn wenn ich es recht bedenke, waren es weniger die Entwicklung der Gesellschaft oder das moderne Stadtleben, die mich bekümmerten – der Fortschritt hat für mich eher etwas Faszinierendes –, sondern vor allem das vage Gefühl, dass die Formulierung des beschriebenen Gegensatzes an sich die Wurzel des Problems war.

Kurz gesagt, in mir herrschte ein heilloses Durcheinander.

Was also tun angesichts dieser offensichtlichen Ungereimtheit? Diese Frage kehrte wie ein Mantra in Dauerschleife von morgens bis abends wieder. Am Anfang versuchte ich, den Widerspruch mit der Vogel-Strauß-Methode – »den Kopf in den Sand stecken« – aufzulösen. Mit einem Lächeln auf den Lippen tat der kleine Soldat so, als sei alles in Ordnung.

Bis zu dem Tag, an dem …

Bis zu dem Tag, an dem die Antwort mit der Deutlichkeit eines im Keim bereits seit Urzeiten vorhandenen Wissens emporsprudelte. Um meine beiden Lebensweisen miteinander versöhnen zu können, galt es, die Tropfen der Spiritualität im Alltag herauszudestillieren. Überall. Sowohl in der Stadt als auch auf dem Land. Es galt, die Welt im Herzen jeder Minute – ganz gleich, wo ich mich gerade befinden mochte – mit anderen Augen zu sehen. Und zwar voller Leidenschaft und – wagen wir es, das Wort zu benutzen – Kontemplation.

Oder, wie es die Zen-Meister in ihrem berühmten Spruch formulieren, nach der Doktrin leben:

»*Heijô shin kore dô*«, Japanisch für »das alltägliche Bewusstsein (oder besser noch: der alltägliche Herz-Geist) ist der Weg (des Buddha)«.

Was für eine Erleichterung! Wieder einmal wurde ich nicht etwa eingeladen, gegen den Lauf der Welt und seine Entwicklungen zu wettern, noch zu vergleichen, zu beurteilen oder zu verdammen, sondern das zu finden, womit ich ihn feiern konnte. Ein eher harmonisches Fazit, das für mich vollkommen stimmig war.

Diese Erfahrung leben bestimmt viele Menschen, sei es nun bewusst oder nicht, wenn sie mit den Widersprüchen unserer heutigen Gesellschaft konfrontiert werden. Nicht alles ist bedauerlich, ganz im Gegenteil!

Haben oder Sein?

Es lässt sich eine globale Verbesserung der Lebensbedingungen auf diesem Planeten konstatieren. Die Verfügbarkeit von Trinkwasser nimmt zu, immer mehr Kinder können zur Schule gehen und so weiter. Aber man kommt nicht umhin festzustellen, dass die Ungleichheit unter den Menschen himmelschreiend ist – eine Durchquerung von Paris in der Metro genügt, um uns dies vor Augen zu führen –, dass die natürlichen Ressourcen in Gefahr sind und dass der Drang nach Wachstum meistens Vorrang vor der Bewahrung von

Mutter Natur oder dem einfachen Wohlergehen des Individuums hat.

Es gibt da also eine Gesellschaft, die die Kaufkraft zum Kriterium eines gelungenen Lebens (mit oder ohne Rolex) erhoben hat, und Menschenwesen – zum Glück nicht alle –, die sich Tag für Tag bemühen, dieses materialistische Ideal zu verwirklichen und denen es so vorkommt, als hätten sie ein Loch im Portemonnaie … ganz zu schweigen von der Frustration, die daraus entsteht.

Dieses Buch soll das allzu einfache Paradigma infrage stellen, mit dem man uns seit Jahrtausenden die Ohren vollplärrt, nämlich dass wir, um glücklich zu sein, das bekommen müssen, was wir haben wollen, und zwar sofort – natürlich gegen klingende Münze … (Eine Anmerkung für die Leser: In Zeiten von Bitcoin ist der Ausdruck »gegen klingende Münze« schon reichlich altmodisch, nicht wahr?)

Haben, erhalten, bekommen – das Geheimnis des Glücklichseins? Und wenn die Antwort sich anderswo fände? Wenn wir anderswo suchen sollten, in einer anderen Richtung? Diese Idee scheint sich seit einigen Jahren wie ein Lauffeuer auszubreiten. Lernen, zu *sein,* statt zu haben? Sich mit der Natur zu verbinden, statt sie auszubeuten? Das Leben *ganz und gar* zu leben, statt sich nur darin in Szene zu setzen? Das ist der Grund, warum zum Beispiel die Zentren spirituellen Rückzugs sich in letzter Zeit unglaublich zunehmender Zahlen von Besuchern erfreuen. Was drängt diese Menschen dazu, sich für ein Wochenende, eine Woche oder sogar länger von der Welt zurückzuziehen?

Natürlich möchten sie ihren Stress lindern, aber wenn man ein wenig tiefer gräbt, wird deutlich, dass dahinter ein Gefühl von Sinnverlust steckt. Der Lauf der Zeit scheint in unserer Gesellschaft zu einem ständigen Wettlauf überdreht zu sein. Um dieses Tempo wenigstens etwas zu drosseln, um Ordnung in das innere Chaos zu bringen oder zumindest mehr Gleichgewicht zu finden, haben diese Frauen und Männer also die Erfahrung einer Klausur, eines Retreats gemacht. Dort lernen sie nicht nur, zu meditieren, sondern entdecken zudem andere Praktiken wie etwa die Mahlzeiten in Stille einzunehmen, sie entdecken traditionelle Zeremonien und Rituale.

Aber das Schönste kommt noch. In diesen geschützten Räumen bietet sich ihnen die Möglichkeit, sich von einer Lebensphilosophie durchdringen zu lassen, die auf die Werte gegenseitiger Hilfe und der Aufmerksamkeit für andere gegründet ist. Sie werden in eine Art »Gemeinschaftsleben« integriert, in dessen Rahmen versucht wird, folgende wunderbare Utopie für das einundzwanzigste Jahrhundert zu verkörpern: die Harmonisierung von Gruppe und Individuum sowie die Verbindung mit einer größeren Dimension. Der Traum!

Aber selbstverständlich ist das Leben in einem Kloster langfristig nicht jedermanns Sache, zumal ich Ihnen hier – als gute Werbeagentin für den Zen-Buddhismus – nur die positiven Aspekte unterbreite! Was kann man also tun, wenn das Retreat endet, um seine Perlen des Friedens in den Alltag mitzunehmen? Was kann man tun, wenn die Stunde schlägt, nach Hause zurückzukehren? Was soll man darüber hinaus tun, wenn man – durch Job, Kinder und ein Haus einem engen Zeitplan verpflichtet – nicht einmal in Erwägung ziehen kann, sich drei Tage freizunehmen, um an einer spirituellen Klausur teilzunehmen?

In Gedanken an all diese Leben habe ich die folgenden Kapitel geschrieben, die – hoffentlich – Wasser auf Ihre Mühlen (Gebetsmühlen natürlich!) sein werden.

Die Spiritualität – Versuch einer Definition

Die Wiederverzauberung unseres Alltags

Spiritualität scheint eine Art »Sammelsurium« zu sein. Ein Picknick, zu dem jeder etwas mitbringt, bei dem die Gerichte zu allen Saucen passen, womit sowohl ein köstliches Festmahl als auch ein schrecklicher Mischmasch entstehen kann. Wovon sprechen wir also? (Hier ist die Definition, die ich Ihnen vorschlage – zu Beginn dieses einundzwanzigsten Jahrhunderts, in dem der Zeitgeist die Idole der Wissenschaft, des Messbaren und des Rationalen verehrt.) Von einer ziemlich radikalen Gegenspur auf jeden Fall. Man kann sie nehmen oder es lassen …

Um meine Worte zu unterstreichen (und eine Schulter zum Anlehnen zu haben), habe ich Dichter, Künstler und andere Gaukler herangezogen, aber auch Menschen, die Spontaneität und Überraschung zu ihrem Markenzeichen gemacht haben. Wie Monsieur Jourdain verkörpern diese Kinderseelen häufig die Spiritualität, ohne es zu wissen, da sie gänzlich damit beschäftigt sind, mit dem Leben zu spielen.

Aus dieser fröhlichen Versammlung ist folgende Definition entstanden: Spiritualität zu leben heißt, zu lernen, die Körnchen von Magie zu entdecken, die in den Alltag eingebettet sind.

Diese Magie nennen einige – die Theisten – Gott, Allah, Jehova oder Wischnu. Andere feiern das Unendliche, die Liebe, das Mysterium oder Atman. Im Reiche der Spiritualität begegnet man Formulierungen wie »Nicht-Getrenntheit«, »Alles ist in allem« oder »Weltseele«. Auf ihren Wegen tanzen Schamanen, Zauberinnen und Voodoo-Magier … ganz zu schweigen von der Kohorte von spirituellen Meistern, Mystikern, Yogis, Sadhus oder Kriegern des Lichts. Da kommt einiges zusammen!

Der gemeinsame Nenner dieser bunt gefiederten Versammlung scheint der folgende zu sein (wenn Sie mir ein notwendigerweise vereinfachendes Resümee gestatten): Um die Magie im Alltag zu entdecken, gilt es, in unserem Leben auf lange Sicht zu lernen, die Welt zu beobachten. Mit Feingefühl und Entschlossenheit.

Die Magie ist ein Kind, das spielt, ohne sich der Blicke anderer bewusst zu sein. Ganz in Anspruch genommen von seinem Universum, jenseits von Gut und Böse, ohne um Vorher und Nachher zu wissen. Es zeigt eine unschuldige Freiheit, ist Prinz in einem tanzenden Königreich. Aber die Magie, das ist auch der Blick der Mutter oder des Vaters, die plötzlich die Spiritualität eben dieses Augenblicks erkennen. Für einige Momente aus dem normalen Trott der Welt herausgerissen, ruhen ihre Augen auf einem Kind, *ihrem* Kind, das noch im ewigen Frühling lebt.

Die Magie ist eine Reise ans andere Ende der Welt, in ein Land, dessen Sprache man nicht kennt – und wo man sich bewusst wird, dass man dennoch versteht, nämlich mit dem Herzen.

Die Magie besteht darin, in der Pariser Metro sitzend aus einem Tunnel auf eine Brücke über die Seine zu fahren und zu sehen, wie die Sonne auf den schimmernden Fluten tanzt.

Die Spiritualität ist ein flüchtiges Lächeln in einem versteinerten Gesicht, ein Aufblitzen in den Augen eines Kranken.

Spiritualität bedeutet, sich bewusst zu werden, dass der Verlauf der Jahreszeiten einer millimetergenauen und minutiösen Organisation entspricht. Dass seine Orchestrierung, ob mit oder ohne eine grundlegende Ursache, eine unglaubliche Symphonie darstellt.

Spiritualität ist, in einem Groll oder Zorn gefangen zu sein und dann plötzlich aus vollem Halse zu lachen. Und alles verfliegt …

Spiritualität ist, in einer klaren Sommernacht die Augen zum Himmel zu heben und eine Sternschnuppe in der Ferne zu sehen, weit weg, sehr weit weg, so weit weg … Bis einem schwindelig wird.

Und wie ist das für Sie? Wo beginnt Ihre Spiritualität? Auf welche Weise entfaltet sie Ihre Flügel, um Ihren Alltag zu erleichtern?

Bestimmt haben Sie schon einige spontane Rituale vollführt, die der Magie der Welt entstammen. Auf den Seiten dieses Buches werden Sie weitere finden, die Sie hier und da nach Ihrem Gusto herauspicken können.

Die drei Schlüssel: Konzentration, Präsenz und Mysterium

Auf pragmatischere Weise formuliert – sofern das bei diesem Thema möglich ist –, vereinigt ein spirituelles Leben meiner Meinung nach drei Elemente. Ich habe sie die Feen der Konzentration, der Präsenz und des Mysteriums genannt. Bei der Geburt versammeln sie sich um die Wiege jedes Neugeborenen, um es mit ihren Wohltaten zu beglücken. Jeder von uns trägt den Keim dieser drei Weisheiten in sich, und es ist an uns, daraus einen Schatz erwachsen zu lassen oder nicht.

Die Konzentration ist diese äußerst nützliche Fähigkeit, unsere Aufmerksamkeit ganz und gar auf das zu richten, was wir gerade leben. In zahlreichen buddhistischen und anderen Werken wird lang und breit und hin und her über sie geschrieben. Sie wird als eine Art Voraussetzung für jegliche Entwicklung bezeichnet. Sie ist der Rucksack, den man vor dem Aufstieg packt. Einige Rubriken in diesem Buch werden ihr gewidmet sein, denn ohne diese Verankerung im Hier und Jetzt kann sich alle Spiritualität schnell im Glauben oder in der Fantasie verlieren.

Der zweite Schlüssel, die Präsenz, in Pali *vipassana* genannt – man kann auch von Beobachtung (japanisch *kan* ... ja, genau wie in »*kan-kyo*«) sprechen –, ist die Öffnung, der Raum, das Vermögen, außerhalb des Prismas der Persönlichkeit zu stehen und zu erkennen. Es ist der Augenblick, in dem wir nicht mehr im Inneren unseres Kopfes oder unseres üblichen Denksystems eingeschlossen sind.

Damit Sie diese andere Einstellung zur Welt erspüren können, gebe ich Ihnen hier eine kleine Übung: Schließen Sie, egal wo Sie sich gerade befinden, für einen Moment die Augen und fragen Sie sich: »Wo sind meine Gedanken? Im Kopf? Irgendwo da draußen? Woher kommen sie? Woran werde ich in fünf Minuten denken? Und noch um einiges philosophischer: Wer denkt da überhaupt?«

Der dritte Schlüssel für ein spirituelles Leben: der Zugang zum Mysterium. Falls Ihnen die vorherige Erfahrung noch nicht seltsam oder metaphysisch genug erschienen sein mag: Da haben wir noch mehr auf Lager! Dieses Thema des Unbekannten findet sich nämlich in zahlreichen Traditionen. Was ist das Leben? Warum sind wir auf der Erde? Was geschieht nach dem Tod (sofern es ihn gibt ...)? Myriaden von Fragen prägen das spirituelle Leben und flattern über den Tagen wie ebenso viele kleine bunte Fähnchen. Die Titel der mystischen Literatur spiegeln dies wider: *Die Wolke des Nichtwissens, Gebet – Atem der Seele, Die lebendige Liebesflamme* ... Grund genug, unseren Durst nach dem Unbekannten zu nähren, nicht wahr?

Dieses Buch ist …

… kein Buch zur Persönlichkeitsentwicklung im üblichen Sinne

Lassen Sie uns eines von vornherein klarstellen: Es liegt mir fern, die Arbeit der Erforschung des Individuums anzuprangern. Sie ist meiner Ansicht nach fundamental, ja notwendig. Wenn die Menschen sich beruhigen und ihren Platz im Leben finden, wenn sie ihre Emotionen angenommen haben und ihre Worte Weisheit und Sanftheit widerspiegeln … geht es der Welt besser. Daher ermutige ich in höchstem Maße zur Erkundung der Psyche.

Doch wo man sich zu sehr auf sich selbst fokussiert, wird zuweilen eine Einengung des Gesichtsfelds erkennbar. Eine Art von Kontraktion des Seins auf sich selbst. Wie eine Schnecke, deren beide Fühler ständig nach innen gerichtet sind und die daher Gefahr läuft, sich an der Welt zu stoßen.

Heutzutage lässt sich gelegentlich eine Neigung zur Überpsychologisierung beobachten. Bei einigen Menschen wird jedes Ereignis im Leben zu einem Thema von Analyse, Diskussion und Rationalisierung. Alles dient als Vorwand, um auf der Suche nach Ursachen immer wieder Verbindungen zwischen den Dingen herzustellen. Manche Entdeckungen werden dabei zweifelsohne zutreffend sein. Aber zu welchem Preis! Während wir nachdenken, ist das Leben an uns vorübergezogen, inkognito.

Dabei kommt mir eine Erinnerung. Ich bin sieben Jahre alt und mit meinen Eltern im Urlaub in der Bretagne. Als ich dort am Abend in meinem Zelt ausgestreckt liege, taucht urplötzlich eine ungeheure Angst vor dem Tod auf. Was wäre, wenn ich heute Nacht im Schlafe sterben würde? Was, wenn ich nicht wieder aufwachte? Der Schrecken packt mich tief und erfüllt meinen ganzen Körper. Er ist fast unerträglich. Ein Gedanke taucht auf, der die einzige Rettung zu sein scheint: »Denk nach, denk gut nach, du wirst eine Lösung finden.« Und das Gehirn beginnt zu arbeiten. Alle Energie konzentriert sich auf diese Aufgabe: analysieren, suchen, überlegen, mit hochgezogenen Augenbrauen und angespanntem Gesicht. Ich erinnere mich nicht mehr an das Ergebnis meiner mentalen Verrenkungen. Letztlich bin ich vor Müdigkeit eingeschlafen. Aber dieses Ereignis war für mich grundlegend. An diesem Tag habe ich zum ersten Mal eine analytische Lösung für ein emotionales Problem gesucht. Sieben Jahre: Das persönliche Zeitalter der Vernunft setzt ein – mit seinem Gefolge an Kopfzerbrechen und intensiver Migräne.

Und wohin führt das? Ich brauchte Dutzende von Jahren, ehe ich begann, diesen Prozess umzukehren!

Die Spiritualität bietet einen etwas anderen Weg: den eines eher gelebten als analysierten Lebens.

Trotzdem haben Erforschen und Überlegen auch dort ihren Platz. Genauso wie die Emotionen, deren Feld die tägliche Praxis bereichert. Aber es geht darum, sie zu leben, »wie sie sind«, inmitten der Glut, ohne zu versuchen, mittels Analyse oder Intellektualisierung zu flüchten. In dem Augenblick kann der Mensch von der Abgeschlossenheit (und dem Fokus ausschließlich auf sich selbst als Schutzmaßnahme) zur Öffnung übergehen (dem Auftreten eines Gefühls von Annahme und Einheit).

Keine neue Methode der Selbsthilfe

Im Allgemeinen schlagen die Praktiken der Selbsthilfe uns zudem Wege vor, zu einer besseren Version unserer selbst zu gelangen. Hier ist der Ausgangspunkt etwas anders. Sperren Sie Augen und Ohren weit auf, dies wird Ihnen gefallen. Unsere Voraussetzung ist folgende: Sie sind bereits wunderbar, so, wie Sie sind! Genau so, wie Sie sind, sind Sie prachtvoll, einzigartig, magisch und talentiert! Sie sind ein funkelndes Gedicht, ein kostbarer Stein, eine Klangschale. Vor zweitausendsechshundert Jahren hat Buddha Shakyamuni das folgendermaßen formuliert: »Alle Wesen besitzen die Buddha-Natur.« Also: Sie alle sind Buddhas. Ist das nicht toll?

»Manche allerdings mehr als andere«, flüstert mir meine Nachbarin ein wenig heimtückisch zu. Keineswegs! Ohne in einem glückseligen Optimismus schwelgen zu müssen – die letztliche, vibrierende Natur eines jeden Individuums kann sich in jedem Augenblick offenbaren …

Vorausgesetzt man lässt es zu, dass sich die Schleier des Rationalen, der Gedanken und der Meinungen durch die Brise der Kontemplation lüften.

Und was kommt dann zum Vorschein? ... Pssst ... Sehen Sie selbst ... Sie werden nicht enttäuscht sein!

Keine Sammlung von Glaubensüberzeugungen oder Spekulationen

In Hinsicht auf die interessanteste Frage, nämlich »Was geschieht nach dem Tod?«, hüllte der Buddha sich in völliges Schweigen. Daher spricht man vom »Schweigen Buddhas«. Er lud die Praktizierenden ein, sich für ihr gegenwärtiges Leben zu interessieren, für dessen Turbulenzen, ohne sich um das Danach zu kümmern. »Hier und Jetzt«, das ist die Kunst, mit seiner Lehre bis ins kleinste Detail übereinzustimmen!

Dementsprechend versuchen wir auf diesen Seiten eine Anhäufung von Glaubenssätzen oder Fantasien zu vermeiden, auch wenn manche Träume viel anziehender sind. Ich werde gelegentlich gewisse Intuitionen darlegen, werde aber darauf achten, Sie auf solche Fälle hinzuweisen. Seien Sie trotzdem wachsam (ich zähle auf verantwortungsvolle Leser), denn ich besitze von klein auf eine entschieden mystische Seele, und eine Neigung zum Poetisch-Metaphysischen ist nicht auszuschließen. Wenn ich also beginne, Ihnen von Zwergen, Feen oder Erscheinungen zu erzählen, hüten Sie sich!

Im Allgemeinen sind die folgenden Zeilen eher eine Einladung zur Beobachtung und zum Experimentieren als ein Glaubensbekenntnis. Glauben Sie mir nicht aufs Wort. Überprüfen Sie es. Und seien Sie so Ihr »eigenes Licht« auf dem spirituellen Weg.

Die Wohltaten eines spirituellen Lebens

Doch bevor wir weitermachen, hier die Frage, wozu die Spiritualität eigentlich dient.

Dem Leben wieder Sinn geben

Beschränkt sich der Sinn des Lebens, wie bereits erwähnt, auf bloßen Hedonismus, dann laufen wir Gefahr, uns zum Beispiel in unserer Arbeit eingezwängt wiederzufinden – nur um die Brötchen zu verdienen –, mit dem nächsten Urlaub als einzigem Ausblick. Oder wir wechseln von einem Hobby zum nächsten, von einer Serie auf Netflix zur nächsten, ohne jemals tief in unserem Inneren – wo es gut vergraben ist – nach dem gesucht zu haben, was uns wirklich bewegt.

Die Spiritualität entspricht dagegen der kleinen Flamme, die wir in unserem Herzen tragen. Der Intensität des Lebens. Sie deutet auf eine Art und Weise zu leben hin, die von einer lächelnden Zuversicht erfüllt ist.

Gleich nach dem tragischen Augenblick, in dem wir festgestellt haben, dass unser Leben uns nicht mehr gefällt, kann sich dort die Spiritualität aufmachen. Wenn alles seinen Glanz verloren hat, wohin auch unser Blick fällt. Wir sind unglücklich, enttäuscht, hoffnungslos … Super! Für die Zen-Meister ist das der Punkt, an dem es beginnt, um das Wesentliche zu gehen: sich in das Zentrum des Mangels zu begeben, sich mit dem Vertrauen eines Ritters ohne Rüstung mit der Realität herumzuschlagen. Und zu beginnen, all diese Rituale einzurichten, die uns endlich uns selbst näherbringen sollen.

Sich auf eine große Reise begeben

Wenn es um die Frage nach dem Sinn des Lebens geht, ist man im Allgemeinen ein wenig verloren. Für alles gibt es heutzutage Methoden – um Chinesisch in fünf Wochen zu lernen (!), sein Wohnzimmer zu streichen oder seine Laken richtig zusammenzulegen (!!!) –, aber eine Methode, den Sinn des Lebens zu finden, ist schwieriger aufzutreiben.

Denn paradoxerweise handelt es sich mehr um das Suchen als um das Finden.

Au weia! Die großen Rationalisten und Perfektionisten unter Ihnen sind beim letzten Satz sicherlich zusammengezuckt.

Ja genau, sich auf ein spirituelles Leben einzulassen heißt, eine Reise ohne GPS zu unternehmen. Stattdessen werden Sie eine sehr alte Schatzkarte finden. Eine Art Pergament, über dem sich zahlreiche andere Reisende seit Jahrtausenden die Augen verdorben haben. Die Reise, auf die Sie sich machen, hat eine uralte

Geschichte … Und das ist nur gut so! Sie hat ihre Wurzeln am Fuße des Atlas-Gebirges, in der Wiege der Menschheit, in all jenen Gebieten der Erde, wo Menschen begonnen haben, zu beten, Anrufungen zu singen und Myrrhe und Weihrauch zu verbrennen.

Genau in dem Augenblick, da uns unser Leben etwas verkümmert oder eingeschränkt vorkommt: »Schatz, pack die Koffer! Wir gehen auf Reisen!«

Wer sind die Reisenden?

An wen richtet sich dieses Buch?

An die im Absoluten Reisenden.
An die Abenteurer des Alltags.
An die unentdeckten Poeten.
An die Menschen, die niemals ihre zweite Socke wiederfinden.
An jene, die sich beim Betrachten des Himmels ganz klein vorkommen.
An die großen Kinder, die bereit sind, aufs Neue zu spielen.
An die bewegungslos Fahrenden.
An meine Nachbarin, die die Blumen gießt.
An diesen verliebten Herrn mit seinem Hund.
An Clothilde, die Dokumentarfilme über die Geheimnisse der Pyramiden ansieht.
An Salah, der nebenan wohnt.
An all jene, die in ihrem Yoga-Kurs auf den Augenblick der Meditation warten.
An Menschen von da und dort, die gemeinsam unter denselben Sternen wohnen.
An Sie, die Sie dieses Buch zufällig in die Hand genommen haben und sich vorkamen, als hätten Sie eine Begegnung.

Wer sollte es lieber gleich zurücklegen? ;-)

Achtung! Wenn Sie sich nicht irgendwo in der Typbeschreibung auf der oben stehenden Liste wiedergefunden haben, nehmen Sie sich in Acht! Es könnte sein, dass dieses Buch überhaupt nichts für Sie ist. Vielleicht haben Sie es als Geschenk von einem Freund bekommen, von Ihrer Frau oder von wem auch immer. Diese Menschen haben möglicherweise die geheime Absicht gehabt, ein wenig Spiritualität in Ihr Leben zu bringen. Das heißt, sie wollten Sie dazu anzustiften, sich zu verändern. Lassen Sie das nicht mit sich machen! Kann es sein, dass Sie lieber Ihre Kontoauszüge lesen als die Ergüsse einer Nonne, einer buddhistischen noch dazu? Das ist Ihr gutes Recht! Legen Sie dieses Buch beiseite und verkünden Sie laut – oder auch nicht – Ihre Liebe zum Materialismus.

Und wenn Sie sehr reich geworden sind, könnten Sie der Stiftung für Tiere, die ich in Zukunft gründen werde, eine Spende zukommen lassen. :-)

Und die Reise beginnt …

Aufbruch ins Abenteuer: die Spiritualität des Alltags

»Aufbruch ins Abenteuer« – dieser Ausdruck hat mich schon immer träumen lassen. Im Lauf der Jahre offenbart sich an tausend Orten der Flucht und des Unbewusstseins sein tiefer Sinn. Während der Sand schon durchs Stundenglas läuft und die Haare grau werden, hat ein Aufbruch ins Abenteuer nichts mehr mit einer Einladung zu tun, einfach loszustürmen oder das Leben zu verändern, um aus einer Laune heraus ans andere Ende der Welt zu reisen.

Aufbruch ins Abenteuer heißt, an die Quelle zurückzukehren.

Es ist das Erforschen der unmittelbaren Gegenwart.

Aufbruch ins Abenteuer heißt, die Tür zu jedem Tag schwungvoll zu öffnen, in vollkommenem Vertrauen auf das Leben.

Der Ausdruck bedeutet, es zuzulassen, dass sich die Standarte des Unsichtbaren über jedem Ereignis des Alltags entfaltet, und davon immer wieder überrascht zu sein.

Aufbruch ins Abenteuer, ohne Gepäck, ohne Ideal, ohne Vorurteile, das bedeutet, mit offenem Mund vor einer schlafenden Katze zu verharren und sich die Zeit zu nehmen, sie atmen zu sehen.

In einem spirituellen Leben wird hier das Abenteuer gelebt, unmittelbar, in der Glut der Gegenwart. Und wenn es zu einer Reise kommt, dann nimmt der Reisende den Weg in die Gegenrichtung. Er bricht auf, das Herz umgehängt, zur Entdeckung der aus dem Bewusstsein versunkenen Welten, dieses umherschwirrenden »Selbst«, das einem ständig entwischt.

So. Nun ist es heraus! Die *Spiritualität* ist das Abenteuer! Inmitten des Alltags.

Aber was macht man, einmal abgesehen davon, Katzen beim Schlafen zuzusehen, denn konkret, um ein spirituelles Leben zu führen?

Sie werden es im Laufe der folgenden Seiten entdecken, im Rahmen der manchmal ernsten, manchmal humoristischen Berichte, die aus dem Leben gegriffen sind. In jedem steckt eine echte Erfahrung. Gefolgt von Übungsvorschlägen, damit Sie es selbst ausprobieren können.

Und da die Spiritualität auf jeder dieser Seiten auf der Lauer liegt, werden die »Übungen« dabei zu »Ritualen« … Merken Sie den Unterschied?

Rituale einrichten

Ritual. Das Bild, das ich vor mir sehe, wenn ich dieses Wort höre, ist das einer Zauberin im sagenhaften Wald von Brocéliande in der Bretagne bei der Feier der Sommersonnenwende.

Sie hat ein Feuer mit sieben Essenzen entzündet: Sieben verschiedene Äste von Bäumen oder Büschen, die die unterschiedlichen Energien symbolisieren sollen. Kein Opfer: Die Zweige sind vom Boden aufgesammelt worden, nachmittags bei einem Spaziergang, der von Inbrunst und Konzentration geprägt war. Die Vorbereitung war langwierig und sehr genau. Die Elemente des Rituals haben sich im Laufe der letzten Wochen allmählich eingestellt; so als hätte sich alle Energie auf diesen Tag hin ausgerichtet, wie durch einen Wirbel angezogen. Die Zauberin durchschreitet mit großen Schritten die Szene, wobei ihre Ärmel im Wind flattern. Sie ist konzentriert und fließend, harmonisch mit der Szene verschmolzen, im Einklang mit dem, was sie umgibt.

Etwas später an diesem Abend wird das Feuer ihre Macht freisetzen. Es ist jedoch nicht möglich, mehr darüber zu sagen; die Erfahrung ist geheim ... Und die Unterweisungen sind den anwesenden Personen vorbehalten.

In der Tradition dieser Zauberin können drei Elemente auftreten:

- Die Rituale verbinden uns wieder mit der Natur und den Jahreszeiten. Das ist einer der wesentlichen Punkte, glaube ich, welche die Evolution des Menschen in den nächsten Jahren leiten werden. Sich wieder mit Mutter Natur verbinden. Die Bewegung ist angestoßen, und dieses Buch wird, so hoffe ich, dazu beitragen, sie zu verstärken. Für ein einfacheres, gesünderes und verbundeneres Leben.

- Die Rituale erfordern einen Einsatz, eine Anstrengung, ja eine Vorbereitung. Deshalb lade ich Sie ein, sie allmählich einzurichten, ohne etwas zu erzwingen. Beginnen Sie mit denen, die Sie am meisten anziehen und die Ihnen Freude machen. Mit Freude und spielerisch zu lernen, ist die effektivste Methode!
- Die meisten der Rituale sollten dauerhaft ausgeübt werden, um all ihre Kräfte und Wohltaten zu entfalten. Daher ist es besser eine/mehrere kleine Anstrengung(en) über lange Zeit durchzuhalten, statt wer weiß wie zu beschleunigen, sodass einem kurz vor der Ziellinie die Puste ausgeht.

Das Werden der Alchemisten

Die Rituale, die Sie auf den folgenden Seiten finden können, stammen zumeist aus dem Zen-Buddhismus. Diese Herkunft ist manches Mal deutlich, manches Mal weiter hergeholt. Aber auch wenn diese Praktiken aus einer Quelle uralter Spiritualität schöpfen, verlangen sie keinerlei Zugehörigkeit zu einer Religion. Der Zen-Meister Taisen Deshimaru sprach vom Zen als der »Religion vor den Religionen«. Er wollte damit eine Form der Universalität oder Allgemeingültigkeit zum Ausdruck bringen, einen Raum der Begegnung außerhalb von Zuordnungen.

Ausgehend von dieser Vorstellung habe ich die folgenden Seiten verfasst. Mögen Sie dadurch zu Alchemisten werden.

Kapitel 1

Chronik eines Flughafens oder die Kunst, seinen Blick zu verändern

Flughafen Frankfurt, Mittwoch, am Ende des Tages

Ich bin abflugbereit … für eine bewegungslose Reise. In einem kleinen Bierlokal »Bayerischer Art« im Terminal 2 des Frankfurter Flughafens warte ich auf jemanden. Ich werden Ihnen nicht verraten, auf wen, denn diese Information ist von keinerlei Nutzen für die Fortsetzung der Geschichte. Vor allem aber ziehe ich es vor, Ihrer Vorstellungskraft freien Lauf zu lassen, die bestimmt viel kreativer ist als die Realität. (Übertreiben Sie es jedoch nicht zu sehr!) Also kein großer Abflug zu einem sehr weit entfernten Ziel an diesem Wintertag. Und doch. Allein der Umstand, in dieser elektrisierenden Atmosphäre zu sein, ist an sich schon eine Reise.

Da wird gerannt, stürmisch umarmt, gerufen. Nicht die Deutschen, seien Sie versichert, die – ihrer Reputation getreu – sehr höflich und zurückhaltend sind; aber die anderen, die es nach Herzenslust tun. »Die anderen« sind ein Gemisch verschiedener Nationalitäten, Kulturen und Sprachen, das dazu angetan ist, den Turm zu Babel für ein kleines linguistisches Café zu halten. In der Hektik des Aufbruchs entsteht eine fröhliche, ungewöhnliche Kakophonie, die so prickelnd ist wie die Perlen von Champagner (oder des Pils, um halbwegs beim Ambiente zu bleiben).

Wie viele meiner Zeitgenossen, liiiebe ich es, mich auf die Terrasse eines Cafés zu setzen und den vorübergehenden Menschen zuzuschauen. Diesmal – wir befinden uns in der Ferienzeit – ist es voller Menschen und es gibt massenhaft Studienobjekte. Und so beobachte ich die Art zu gehen, den Ausdruck, den Kleidungsstil und sogar die Emotionen, die sich auf den Zügen meiner Zeitgenossen widerspiegeln. Es ist schon verrückt, wie ein Gesicht die allgemeine Gestimmtheit eines Menschen reflektieren kann. Die Vergangenheit ist daraus ablesbar wie aus einem offenen Buch. Die Falten bilden die von den Pflugscharen des Lebens gezogenen Furchen. Herr X trägt das Gewicht der Welt auf seinen Schultern und seine Brauen sind verzweifelt zusammengezogen. »Das Leben ist schwer«, sagen seine zusammengekniffenen Lippen; »und das ist nur der Anfang«, antworten seine niedergeschlagenen Augen. Ein solch breites Angebot verängstigter Augen, die den Raum frenetisch durchforsten, für den Fall, dass … Was haben diese Menschen bloß erlebt? Schwere Traumata oder eine schlichte Anhäufung kleiner Prüfungen, die mit der Zeit eine innere Festung gebildet haben? Ich werde es niemals erfahren. Ich lasse diesen Gedanken fallen, während ich eine indische Göttin betrachte, die farbenfroh und feierlich vorübergeht, die die Welt mit langsamem Schritt durchquert, wobei ihr Kopf im Rhythmus ihrer Schritte hin und her wiegt.

Bei der Beobachtung vorübergehender Menschen zeichnen sich Universen ab, die so unterschiedlich voneinander sind wie genauso viele kleine Welten. Ich versuche zu raten, woher die Leute kommen, wohin sie gehen, was ihre Träume sind und was der Sinn ihres Lebens ist.

Ein Flughafen oder ein Bahnhof sind ideale Orte, um die Perspektive zu ändern. Hier verkehren und begegnen sich so viele Leben. Leben im Aufbruch oder bei der Ankunft. Die Atmosphäre hallt von den Schritten der Reisenden wider, die Offenheit des Felds des Möglichen hat hier ihren Platz. Man spürt an diesen Orten die Möglichkeit, ein anderer zu sein – ein anderes Leben zu führen, sich ans andere Ende der Welt aufzumachen, ins Abenteuer … oder auch nicht.

Während ich nun also diesen Betrachtungen (sowie anderen, die ich Ihnen erspare) freien Lauf ließ, sinnierte ich über die Fähigkeit nach, die wir alle haben, »den Zähler wieder auf null zu setzen«. Dieses Vermögen, unser Leben in jedem Augenblick neu zu erschaffen. Ohne den Rahmen, die Wohnung, den Partner oder den Beruf zu wechseln, sondern einfach indem wir die Dinge auf völlig andere Weise empfinden. Man bemerkt dies manchmal bei der Rückkehr aus den Ferien: Es hat sich etwas verändert. Fühlt man sich leichter, losgelöster, tiefer, stärker verankert? Man kann es nicht benennen, es ist fast unmerklich, aber unsere Wahrnehmung ist anders. So als begänne ein neues Leben im Dekor des alten. Um dahin zu gelangen, mussten wir unseren üblichen Rahmen und unsere Gewohnheiten verlassen. Vielleicht haben wir getanzt, gesungen oder sind gewandert. Vielleicht haben wir lange Zeit damit verbracht, den Wellen zuzusehen, wie sie am Strand lecken und die Felsen zum Singen bringen. Vielleicht hat uns endlich jemand gesehen, bewundert – mit all der Heilkraft, die ein solcher Blick mit sich bringt. Auf alle Fälle hat uns dieses Anderswo das Auftauchen einer anderen Daseinsweise ermöglicht.

Wie schafft man es denn nun, in diesem Zustand der Offenheit zu bleiben? In dieser Form konstruktiver Naivität, die der Zen-Meister Shunryu Suzuki »Anfängergeist« nennt.

Der erste Schritt und dazu der effektivste wäre, die eine oder andere unserer Gewohnheiten zu verändern: den Weg zur Arbeit zu verändern, andere Kleidung zu tragen, mit gen Himmel gerichtetem Blick zu gehen (und dabei Ihre Intuition zu nutzen, damit Sie sich nicht stoßen) …

Ritual: Am eigenen Wohnort als Tourist spazieren gehen / In eine Kirche gehen

Damit Sie sich ein wenig amüsieren können, schlage ich Ihnen ein kleines Spiel vor, dem ich regelmäßig fröne, nämlich Ihre Stadt als Touristin zu durchstreifen. Welche Kraft dies hat, habe ich entdeckt, als ich japanische Nonnen bei ihrem Besuch in Straßburg begleitet habe: Kathedrale, das Viertel der Petite France und vor allem die Bateaux-Mouches, die Besichtigungsboote!

Wie es sich für einen guten Fremdenführer gehört, ging es für mich darum, die verschiedenen typischen Plätze der Stadt zu beschreiben, von ihnen zu erzählen und sie zu würdigen. Da die japanische Kultur sich sehr stark von der unseren unterscheidet, war es eine ziemliche Herausforderung, sowohl die historischen als auch die soziologischen Aspekte zu vermitteln. Es erforderte viel Wissen, aber vor allem die Lust, sich an die Stelle des anderen zu versetzen (Empathie), um bestmöglich erzählen zu können; zu erklären, während ich mich fragte: »Wie mag eine Japanerin, Nonne noch dazu, all dies auffassen?« In dieser Situation erschien mir die Stadt vollkommen anders. Ich habe mich darangemacht, wirklich hinzuschauen, sie so zu entdecken, als wäre es das erste Mal. Straßen, durch die ich schon hundertmal hindurchgegangen war, offenbarten erstaunliche Details: Hier ein Wasserspeier, dort eine Inschrift an der Mauer »Adele, ich liebe dich«; was alles zu erklären war ... So viele kleine Dinge, die dem Ganzen einen neuen Glanz verliehen.

Der erstaunlichste Moment war jedoch die Stadtrundfahrt auf einem der Bateaux-Mouches. Vom Wasser aus konnte ich vertraute Orte bewundern; wo ich arbeite, Kaffee trinke, Mittag esse, einkaufe. Ein vollkommener Perspektivwechsel, der es ermöglichte, den Alltag neu zu erfinden. Zudem tuckerte das Schiff sehr langsam vor sich hin und verlieh so dem Ganzen, an tausend Orten in der gewöhnlich hektischen Stadt, den Eindruck von Beschaulichkeit.

Die Wirkung ist ähnlich, so scheint mir, wenn man mitten in der Stadt eine Kirche oder Moschee betritt. Man befindet sich inmitten des urbanen Trubels, und einen Augenblick später, kaum dass man die schwere Holztür aufgestoßen hat: die Stille. Solche Orte des Friedens finden sich häufiger, als man denkt. Sie sind öffentlich zugänglich. Man kann sich in Ruhe hinsetzen, die Stille genießen und hören, wie das eigene Herz schlägt. Anders als auf den Touristenbooten kann sich in einer Kirche für diejenigen, die ihre Antennen ausfahren, eine andere Dimension eröffnen: die der Spiritualität und der Inbrunst jener, die seit Jahrhunderten dort, an diesem Ort, gebetet haben.

Nicht alle Kirchen haben eine solche Wirkung. Manche können recht bedrückend sein. Aber in der Stille können Sie genau das wahrnehmen, und Ihre Schritte zu einem anderen Hafen lenken …

Wie man übt

Ihr Ritual für diese Woche könnte also folgendermaßen aussehen: Spazieren Sie durch Ihr Viertel oder nur wenig weiter, langsamen Schrittes, die Nase im Wind, und nehmen Sie sich Zeit dafür. Betrachten Sie die Steine, die Leute, die Tauben.

Es geht darum, den inneren Rhythmus zu verändern, indem Sie langsam gehen und dabei ruhig atmen.

Betreten Sie dann, wenn Sie wollen, eine Kirche, warum auch nicht. Nur um einmal zu sehen, zu spüren und sich zehn Minuten dort aufzuhalten. Nur um zu lernen, nichts zu tun, wie ein großer Weiser!

Wirkung

Wenn Sie wieder herauskommen, leicht verändert, werden Sie bestimmt das Gefühl haben, etwas Neues erlebt zu haben. Sie können Ihren Tag dann in einem gemächlichen Tempo fortsetzen, mit einem Leuchten in den Augenwinkeln.

Offen gesagt, all dies reicht viel – viel – weiter. Ich habe gezögert, es Ihnen zu sagen, aber … lieber ehrlich sein! Die Wirkung dieses Rituals kann sich bis an die Grenzen des Universums bemerkbar machen. Nicht weniger als das! Im Buddhismus sprechen wir oft von der Interdependenz oder wechselseitigen Abhängigkeit: der Vorstellung, dass alle Dinge miteinander verbunden sind, dass nichts getrennt vom Rest existiert. Dass wir zum Beispiel Sauerstoff brauchen, folglich Pflanzen, Wasser und so weiter. Alles beeinflusst permanent alles andere, wie in einem riesigen Organismus, in dem alles in gegenseitigem Einvernehmen funktioniert. Das macht deutlich, wie wesentlich unser innerer Zustand, unsere Öffnung für die Welt ist! Durch unsere Stimmungen, unsere Worte, unseren Gesichtsausdruck und unser Körpergefühl beeinflussen wir gleichermaßen unsere Zeitgenossen wie auch die Pflanzen, Tiere und so weiter.

Dies wurde vor einigen Jahren durch die Entdeckung der berühmten »Spiegelneuronen« durch eine Gruppe von Wissenschaftlern der Universität von Parma unterstrichen: Wenn wir ein anderes Lebewesen bei einer Handlung beobachten, reagieren gewisse Neuronen unseres Gehirns so, als ob wir die Handlung selbst ausführen würden. Wir erleben und empfinden sie von innen her nach, sozusagen in gespiegelter Form. Dem aktuellen Wissensstand der Forschung zufolge funktionieren die Spiegelneuronen am besten bei Individuen der gleichen Spezies. Stellen Sie sich also einmal die Wirkung Ihrer Übungspraxis auf Ihre Zeitgenossen vor! Sie öffnen Ihren Horizont, nehmen eine neue und frische Sichtweise auf die Sie umgebenden Dinge an; dieser neue Seinszustand tut Ihnen innerlich wohl – und … Sie teilen den Personen, die Ihren Weg kreuzen, Ihr Wohlbefinden unwillkürlich mit.

Was für eine Wohltat für unsere Gesellschaft! (Und was für eine Verantwortung auch im umgekehrten Sinn.)

Dosierung

Von Zeit zu Zeit; wenn Ihnen danach zumute ist, allein oder in Begleitung. Die Stadt als Tourist zu durchstreifen oder in eine Kirche zu gehen, sind lediglich Mittel, um Gewohnheiten und den Blickwinkel zu verändern. Versuchen Sie, sich andere auszudenken, ganz nach Ihrem Geschmack … Und vor allem: Teilen Sie sie mit anderen, damit wir gemeinsam die Welt verändern können!

KAPITEL 2

Lernen, den Geist zu kanalisieren: die wunderbare Macht der Konzentration

»Das Geheimnis des Zen besteht darin,
sich einfach hinzusetzen, ohne Ziel, ohne Gewinndenken,
in einer Haltung großer Konzentration.«
Taisen Deshimaru

»Konzentriere dich. Fühle, wie die Macht fließt. Jaaa!«

Vielleicht haben Sie die Szene zwischen Meister Yoda und Luke Skywalker aus dem Starwars-Film *Das Imperium schlägt zurück* wiedererkannt. Alles ist da! Alles ist gesagt. Nichts ist in dieser Welt möglich ohne ein Quäntchen Konzentration. Nun, natürlich lehrt Yoda in der oben angeführten Szene, wie man einen großen Felsbrocken mittels der eigenen mentalen Energie levitieren lässt (und sich dabei im Handstand auf einer Hand im Gleichgewicht hält). So weit werden wir nicht gehen. Versprochen. Nicht, dass es unmöglich wäre – und ich sehe, wie einige von Ihnen hochschrecken: Ich glaube wirklich, dass die geistigen Kräfte weit über die beschränkte Weise hinausgehen, auf die wir sie benutzen. Sie zu entwickeln, erforderte jedoch ein solches Engagement, eine solche Motivation, dass dies das Ziel dieses Buches bei Weitem übersteigen würde. Im nächsten vielleicht, wenn Sie darauf bestehen …

Heute werden wir im Rahmen des »Vernünftigen« bleiben, oder fast. Behalten Sie bitte trotzdem im Sinn, dass ein »Alles ist möglich« sehr dazu geeignet ist, jedwedes Lernen zu erleichtern. Ich lade daher die Erkundungsfreudigsten unter Ihnen ein, mit folgendem berühmten Zitat von Mark Twain in einer Ecke ihres Gehirns einen kleinen Raum zu schaffen: »Sie wussten nicht, dass es unmöglich war, und deshalb taten sie es.« Man weiß nie, wozu das gut sein kann …

Meister Yoda versucht also, Luke die Macht der Konzentration zu lehren. Das ist eine schwierige Aufgabe. Und aufgrund der verschiedenen technologischen Entwicklungen, mit denen unsere Gesellschaft konfrontiert ist, wäre sie heutzutage sogar noch schwieriger. Wäre diese Szene im einundzwanzigsten Jahrhundert gedreht, hätte Luke ein Smartphone in der Hand und würde heimlich bei WhatsApp nachsehen, während er so täte, als würde er seinem Lehrer zuhören. Seine Gedanken würden abschweifen, diffus werden, weder hier noch dort sein, als wären sie in der Schwebe (und nicht der Felsbrocken).

Ich habe von Zeit zu Zeit einen äußerst höflichen – und äußerst desinteressierten – Jugendlichen im Haus, der auf jeden Versuch einer Kommunikation durch Lautmalerei und abwesendes Lächeln reagiert. Der kleine Schlauberger hat schon längst herausgefunden, dass die beste Art und Weise, in Ruhe gelassen zu werden, Freundlichkeit und Höflichkeit sind. Er benutzt diese mit einem Fingerspitzengefühl, um das ihn jeder Diplomat der UN beneiden würde! Während er das seiner Hand aufgepfropfte Telefon bei jedem Benachrichtigungston zückt, ist er zwar in der Küche anwesend, aber mental mit seinem Telefon so inbrünstig verbunden wie ein Broker vor der Schließung des Dow Jones.

Gewisse Leute mögen einwenden, dass es sich hier doch um Konzentration handele, die sich auf das Handy richtet. Aber es ist etwas anders. Sein Verhalten ist vollkommen unbewusst. Es handelt sich vielmehr um eine Reihe von automatischen Reaktionen auf äußere

Reize, die eine Art Fokussierung von sehr kurzer Dauer verursachen. Es klingelt, er blickt auf die Nachricht. Keine Pause zwischen dem Klingeln und der Handlung, schon gar keine Bewusstwerdung dieser Verkettung. Die Aufmerksamkeit ist buchstäblich von dem Objekt gefangen, ohne den Filter des kritischen Geistes zu durchlaufen, ohne »Bewusstheit seiner selbst«. Das steht im Gegensatz zu der Einübung von Konzentration, wobei der Schlüsselpunkt ja gerade die »Bewusstheit von …« oder die »Aufmerksamkeit« ist. Um es deutlich zu sagen: Wir wissen dabei, was wir tun!

Beachten Sie, dass ich mit Bedacht das Beispiel eines Jugendlichen gewählt habe, damit die Pille leichter zu schlucken ist. Aber ich hätte genauso gut … mich oder … Sie in bestimmten Momenten als Beispiel nehmen können. Nicht wahr?

Jedenfalls ist die Praxis der Konzentration nicht gerade – und das ist eine mildernde Umschreibung – die am weitesten verbreitete Aktivität unserer Zeit. Dabei taucht dieser Begriff regelmäßig in Zeugnissen auf: »Der kleine Justus ist begabt, aber er muss konzentrierter sein.« Beim Wettkampfsport: »Roger Federer konzentriert sich vor dem Tiebreak.« Und in Coaching-Seminaren: »Wenn Sie konzentrierter sein wollen, sprechen Sie mir nach: ›Jaaa, ich bin konzentriert!‹.« Kurzum, die Konzentration wird oft als Quelle jeglichen Erfolges oder jeglicher Erkenntnis verstanden, worum es dabei auch gehen mag.

Die Spiritualität bildet da keine Ausnahme! Das Geheimnis jedweder Entwicklung besteht im Lernen echter Konzentrationsfähigkeit. In der Meditation ist

Konzentration eine der grundlegendsten Praktiken. Der Meditierende wird aufgefordert, sich auf seine Haltung (verschiedene wichtige Punkte des Körpers wie seine Verankerung im Boden oder die Aufrichtung der Wirbelsäule) oder auf seine Atmung (einatmen, ausatmen, die aufeinanderfolgen) zu konzentrieren. Dahinter steht die Absicht, den *Geist* zu disziplinieren; dieses berühmte Seidenäffchen voller Amphetamin, das planlos von Ast zu Ast hüpft. Es springt, ohne einen Unterschied zu machen, von einem Baobab zu einem Kautschukbaum, von den höchsten zu den niedrigsten Ästen, an Händen und Füßen hängend. Eine Metapher des Geistes in voller Pracht: geschickt wie ein Affe und zerstreut wie ein verliebter Teenager.

Nun – das ist ein wenig ein Leitmotiv, verzeihen Sie mir, wenn ich mich wiederhole –, es geht hier nicht darum, gegen den Geist Front zu machen. Es geht nicht darum, einen *Krieg* gegen unseren Geist anzuzetteln, denn die Kollateralschäden wären zahlreich. Ich habe Zen-Praktizierende gekannt, die die absolute Konzentration auf diese Weise zu ihrem Schlachtross gemacht haben. Nach einigen Jahren fanden sie sich mit einem supersteifen Körper und einem dementsprechenden Geist wieder: Zusammengezogene Augenbrauen, andere Teilnehmer belächelnd, totale Intoleranz gegenüber allem, was in diese vorprogrammierte Welt eindringen könnte.

Deshalb diese einführende Warnung: Meditationslehrlinge, gebt acht! Zu viel Konzentration schädigt die Konzentration. Unser Ziel wird es daher sein, sie mit einer Mischung aus Sanftheit und Entschlossenheit zu entwickeln und zu zähmen.

Etwas weiter unten werden Sie mich von dem magischen Zustand der Präsenz sprechen hören, der wie erwähnt auch Beobachtung oder *vipassana* genannt wird. Die Übung der Konzentration sollte sich unbedingt mit der von Präsenz/Beobachtung abwechseln. Wir haben hier also zwei spirituelle Praktiken, die genauso notwendig sind wie die beiden Flügel eines Vogels, und die es gemeinsam ermöglichen, Harmonie zu entwickeln. Der Weg des Buddha, von dem diese Zeilen, die Sie lesen, beeinflusst sind, wird auch der »Mittlere Weg« genannt. Es ist verständlich, weshalb!

Damit wir in unserem Leben ein wenig Spiritualität herausbilden können, werden unsere ersten Schritte also auf das Lernen von Konzentration ausgerichtet sein. Doch bevor wir weitergehen: Wozu dient das? Tausend Vorteile sind damit verbunden. Aber um Papier und somit Bäume zu sparen und Ihre Augen als Lesende zu schonen, werde ich nur eine Handvoll davon zur Sprache bringen.

Die Konzentration macht es möglich, sich neu zu zentrieren

Wenn wir lernen, unseren Geist wieder in den Körper zu bringen, erschließt sich uns der Sinn der Worte »mit beiden Füßen auf dem Boden stehen«. In den Seminaren zur Persönlichkeitsentwicklung hört man oft den Satz »Wir müssen an Ihrer Verankerung arbeiten«. Wir wollen schweigend die Relevanz der Weisung »müssen« übergehen (die an sich schon dafür sorgt, dass sich die Haare auch der Bravsten unter uns sträuben), um uns dem Wort »Verankerung« zuzuwenden. Worum geht es hier? Um ganz konkret zu sein: Wir müssen (lol!) spüren, dass wir Beine und Füße haben und dass sie in diesem Augenblick in Kontakt mit dem Boden sind. Das heißt, unsere Aufmerksamkeit und insbesondere unsere Wahrnehmungen wieder nach unten, auf den Unterkörper zu lenken. Auf ganz physische Weise. Und äußerst einfach.

Diese Übung sei besonders jenen Menschen empfohlen, die zerstreut oder verträumt sind oder die »sich einen Kopf machen«. Sie verlagern Ihre Bewusstheit auf einen physischen und vor allem stabilen Punkt. Es mag Ihnen helfen, sich den vielfachen Judo-Weltmeister Teddy Riner als Beispiel zu nehmen, dessen

Verankerung beeindruckend ist. Ich bin allerdings auch japanischen Meistern begegnet, die im Gegensatz zu Riner ziemlich klein und sehr diskret waren, mit denen sich anzulegen niemand Lust hatte.

Die Konzentration erlaubt uns also, die Verankerung zu lernen oder zu entdecken. Das lässt sich bewerkstelligen, indem man in den unteren Teil des Körpers zurückkehrt – aber auch mithilfe der Atmung (siehe das Ritual auf den folgenden Seiten).

Die Konzentration befreit den Geist

Wenn Sie die vorherige Übung, vielleicht aus Neugier, gemacht haben, ist Ihnen dies vermutlich aufgefallen. Die Aufmerksamkeit auf einen bestimmten Punkt zu lenken, ermöglicht es, den Rest der Beschäftigungen des mentalen Feldes auszuschließen. Oder anders gesagt: Es ist unmöglich, an mehrere Dinge gleichzeitig zu denken! Wenn ich mich also auf die Verankerung im Boden konzentriere – oder auf den Atem –, werde ich allmählich lernen, das Mentale zu kanalisieren. Diese Fähigkeit ist ungeheuer nützlich, um den Geist von all seinen parasitären Gedanken zu befreien, die ständig darin herumwirbeln. Sie wird durch zahlreiche Rituale trainiert, die aus uralten Zeiten stammen und in vielen spirituellen Praktiken zu finden sind.

Ohne Konzentration irrt und kreist der Geist umher und reißt uns mit wie ein Blatt im Herbst, vom Winde verweht … unvermeidlich … nach unten …

Aber – und das ist wirklich die Botschaft, die ich hier verkünden möchte – die Konzentration lässt sich einüben, zähmen, entdecken und verbreitet dabei innere Ruhe und wiedergewonnene Freiheit.

Einige Rituale

Ebenso wie eine vorteilhafte Muskulatur Tag für Tag in einer Sporthalle trainiert werden muss, erfordert die Konzentration ein Training. Und die Ergebnisse werden, wie überall, von der Zeit abhängen, die Sie dem Training widmen. Um sich zu motivieren, denken Sie daran, dass Sie Stille und Zentrierung erfahren können, wenn Sie sich – zum Beispiel auf Ihre Atmung – konzentrieren. Solange Ihr Geist auf die Übung fokussiert ist, haben Sie keine Zeit, an etwas anderes zu denken … Jedenfalls während der Dauer des Rituals. Zudem sollten Sie wissen, dass Ihre Fähigkeit zur Konzentration und damit Ihr Zugang zur Stille jeden Tag wachsen wird. Das ist doch der Mühe wert, nicht wahr?

Die Atemzüge zählen – susoku auf Japanisch

Auch wenn sich die Zen-Meister über diesen Aspekt nicht einig sind (einige ermutigen ihn, andere sind völlig dagegen, aus sehr guten Gründen, die hier darzulegen zu weit führen würde), habe ich die positive Wirkung dieser Übung einige Male erfahren können.

Wie man übt

In Meditation oder einfach in Stille sitzend, lenken Sie all Ihre Aufmerksamkeit auf den Atem und zählen Ihre Atemzüge. Jeden Einzelnen.

Wenn Sie besonders aufgeregt oder gestresst sind, zählen Sie Ein- UND Ausatmung: einatmen – eins – ausatmen – eins / einatmen – zwei – ausatmen – zwei ... Zählen Sie bis zehn, und dann von zehn bis null.

Sie können diese Reihe zwei- oder dreimal oder länger üben, bis Sie sich zentrierter fühlen. Bis Sie sich wirklich des Ortes, an dem Sie sich befinden, der Stunde, die gerade ist, der äußeren Atmosphäre, die in diesem Augenblick herrscht, und so weiter bewusst sind.

Wirkung

Dieses Ritual bündelt die Energien und bringt uns wieder mit den Füßen auf den Teppich, hier und jetzt, zurück. Der Atem besitzt außerdem den Vorteil, uns wieder in den Körper zu bringen, sodass wir nicht nur in unsere Gedanken verloren sind.

Dosierung

Da uns der Atem permanent begleitet, lässt sich dieses Ritual praktisch überall inkognito durchführen. Im Bus, in der U-Bahn, in einer Warteschlange oder vor dem Computer, während man darauf wartet, dass ein

Video heruntergeladen wird. Sie können es sogar benutzen, um sich vom Smartphone oder von der Zigarette zu entwöhnen: Jedes Mal, wenn Sie darauf Lust haben – *bevor* Sie auf den Touchscreen schauen oder eine Zigarette anzünden (die Tollkühneren können sogar *beide* Übungen machen) –, gestatten Sie sich eine Pause und zählen Ihre Atemzüge.

Eine fast magische Zeit des Innehaltens!

Wie man übt

Wenn Sie sich wirklich durcheinander oder zerstreut fühlen (nicht nur dann, aber dann besonders), achten Sie auf den Raum der Leere, der sich gleich nach dem Ausatmen auftut. Eine Apnoe, eine Zeit des Stillstands, bevor man wieder einatmet. Wenn die Lunge geleert ist, entsteht oft eine Atempause, bevor wir wieder einatmen. Dieser Raum ist ganz einfach … magisch!

Wirkung

Die positiven Wirkungen des Atems sind zahlreich: Ist unsere Aufmerksamkeit einzig auf den Atem gerichtet, dann kann sich unser innerer Zustand verändern. Wenn Sie die kleine Pause wahrnehmen, die dem Ausatmen folgt, und die Aufmerksamkeit bewusst darauf lenken, wird sich die Atmung von selbst verlangsamen und beruhigen.

In diesem Stillstand, in genau diesem Augenblick, entsteht eine Bresche im Zeitkontinuum. Eine Pause. Ein schwebender Moment, in dem die Engel schaukeln. Dieses Schweben entdecke ich mit Staunen häufiger am Tag. In dieser Lücke des Atems verbergen sich Schätze – wollen Sie sie erforschen?

Dosierung

So oft wie möglich, um endlich »in sich selbst zu ruhen«, wie es der indische Meister Swami Prajnanpad so wunderbar formulierte.

Kapitel 3

Der erste Gedanke am Morgen

Woran denken Sie, wenn Sie morgens aufwachen? Was ist Ihr erster Gedanke? Für viele gewiss so etwas, wie »Oh nein, nicht schon jetzt!«, wenn der Wecker klingelt. Bei der Vorstellung, sich dem anbrechenden Tag, dem Partner, den Kollegen, den Kindern stellen zu müssen, beginnt der Tag manchmal vielleicht sogar mit einer Angst, einer Beklommenheit oder einer anderen starken Emotion.

Als ich die Überschrift dieses Kapitels – Der erste Gedanke … – schrieb, erfuhr ich so etwas wie eine spontane Rückkehr zu den Anfängen der Menschheit. Eine rein imaginäre Rückkehr, die folgende ontologische Frage Gestalt annehmen ließ: »Was könnte wohl der erste Gedanke meiner Vorfahren der Gattung *Australopithecus* am frühen Morgen in der afrikanischen Savanne gewesen sein?« Ich erspare Ihnen den ganzen Wust der Bilder, Ideen und Überlegungen, die aus den uralten Zeiten zu mir gekommen sind (ein ziemliches Karussell), nicht jedoch die neue, spontan aus diesen inneren Fantastereien entstandene Frage: »Aber woher stammen heute, jetzt, all diese Ideen, die im Gänsemarsch vor mir defilieren?«

Haben Sie sich diese Frage schon einmal gestellt? Selbst heutzutage kann noch niemand voraussagen, woran wir in zwei Minuten denken werden, noch warum dies passiert. Das Bündel der Ursachen und Bedingungen, die zum Auftreten von irgendeiner Idee führen, ist riesig! Und deren Quellen sind genauso zahlreich wie die Myriaden von Sternen unserer Galaxie ... die benachbarten Galaxien nicht mitgerechnet. Man weiß nicht einmal, woran man in dreißig Sekunden denken wird. Noch warum. Und zack! Danach verändert sich die Perspektive von Grund auf.

Die einfache Feststellung dieser Tatsache lädt uns ein, so scheint es mir, den in unserem Kopf auftauchenden Gedanken äußerste und schärfste Aufmerksamkeit zu widmen. Sie folgen aufeinander wie gute kleine Soldaten, einer hinter dem anderen und oft im Sturmschritt. Da der Krieg eine viel zu ernste Angelegenheit ist, um ihn den Militärs zu überlassen (danke Georges Clemenceau), sollten wir ihn lieber sehr – sehr – genau untersuchen. Denn im Allgemeinen folgen wir unseren Gedanken quasi blindlings und fällen unsere Entscheidungen diesen Überlegungen oder Analysen entsprechend. Im Buddhismus nennen wir dies auf ebenso poetische wie metaphorische Weise den Schleier der Illusion. Da unsere Gedanken einen transparenten, wenn nicht gar völlig undurchsichtigen Schleier vor der Wirklichkeit bilden, hindern sie uns daran, die Dinge in ihrer prächtigen Weißglut zu leben.

Die meiste Zeit ist dieser innere Vorgang völlig spontan und unbewusst. Ein Gedanke entsteht, woher auch immer: »Der zieht vielleicht ein Gesicht! Sieht nicht gerade sympathisch aus« – gefolgt von dem üblichen Rattenschwanz an Interpretationen, Überlegungen und Analysen: »Es ist jedenfalls bekannt, dass die Leute, die in den Unternehmen Audits durchführen, nach dem Haar in der Suppe suchen ... Wenn ich meine Zeit damit verbracht hätte, bei anderen nach ihren Fehlern zu fahnden, wäre ich sicher genauso ... Das ist nur normal, dass der deprimiert ist ... Wenn ich die Wahl habe, sehe ich mir lieber die schönen Dinge an, aber nun gut ... jedem das Seine ...« Und schon lächeln wir dem besagten Herrn zu, aus Mitleid wegen seiner schwierigen Arbeit, nach einer schnurgeraden Verkettung von inneren und – gestehen wir es uns ein – völlig subjektiven Gedanken. Der besagte Herr ist vielleicht müde oder ängstlich, oder er weiß nicht, wie man ein Lächeln zustande bringt (siehe Kapitel 14). Aber unser Denken in ungezügeltem Lauf hat etwas anderes beschlossen.

Und so sind die Assoziationen von früh bis spät am Werk. Die Gedanken von Putin, Trump oder Assad haben, wie wir alle wissen, tragische Konsequenzen für den Weltfrieden. Aber eine Reihe anderer können unsere Tage ebenfalls zur Hölle machen. Verhältnismäßig viele Menschen schleppen im Inneren ihres Kopfs eine Art übel gelaunten Sträflingsaufseher mit sich herum, der alles, was sie tun, kommentiert: »Du bist wirklich eine Null«; »Das ist lächerlich«; »Statt solchen Blödsinn zu reden, solltest du lieber die Klappe halten« und so weiter. Eine innere Stimme, die uns in der Kindheit eingepflanzt worden ist und die Regen und Sonnenschein bringt: »So ist das gut«; »So ist das schlecht«; »Du wirst das niemals schaffen«; »Die anderen sind schlecht« und so weiter.

Unser Weg zur Befreiung wird darum ein zweifacher sein:

- uns unserer Gedanken bewusst werden;
- eine angemessene Beziehung zu ihnen finden.

Und da die Natur die Dinge gut eingerichtet hat, wird es meistens bereits ausreichen, uns ihrer bewusst zu werden – erster Schritt –, um uns davon zu befreien; der zweite Schritt ist dann – einfach magisch!

Sich seines ersten Gedankens am Morgen bewusst zu werden bedeutet, den Tag auf die richtige Spur von Präsenz und Klarheit zu setzen. In vielen spirituellen Traditionen stehen die Praktizierenden in der Morgendämmerung auf – wenn nicht weitaus früher –, um den Sonnenaufgang zu sehen. Die Sonne bei ihrem langsamen Aufstieg zum Zenit zu begleiten, in einem klaren und ruhigen Geist, das ist das Ziel, das mich beim Aufwachen motiviert … Ohne das wären weder die Sonne noch ein klarer Geist für uns da! Denn es handelt sich jeden Morgen um einen neuen Aufbruch, um nicht zu sagen um eine Wiedereroberung. Manchmal hatte ich das Gefühl, das Reich der Nacht habe, indem es die Konturen verschwinden ließ, gleichzeitig einige innere Straßenlaternen ausgeschaltet: Erst einmal, natürlich, die Aufmerksamkeit und die Wachsamkeit, aber auch die Lust auf etwas, also Motivationen oder Begehren. Im positiven Sinne erscheint uns etwas, das uns am Vorabend noch tragisch vorkam (ein Anschnauzer, eine unangenehme Mail …), am Morgen oft läppisch. »Es ist gut, einmal darüber zu schlafen«, wie eine simple Lebensweisheit nahelegt. Andererseits kann eine Anregung, ein Enthusiasmus vom anbrechenden Abend – »Morgen werde ich joggen!«; »Morgen werde ich früh aufstehen!« –, im Morgengrauen völlig verschwunden sein. Was kann man also tun?

Was wäre, wenn jeder Tag der Beginn eines neuen Lebens wäre? Und wenn man jeden Morgen alles neu anfangen könnte? Für die Buddhisten ist diese Vorstellung die Grundlage der Realität. In jedem Augenblick, nicht nur morgens, können wir unsere Gedanken mit einem Schlag loslassen und die Welt mit neuen Augen betrachten. Der »Buddhist des frühen Morgens« beginnt somit seinen Tag, indem er seine Augen für den neuen Blick öffnet. Er träufelt einige spirituelle Augentropfen in einen Winkel seiner Augen, ein magisches Medikament, das den Vorteil hat, die ganze Landschaft sofort zu klären! Diese Augentropfen sind kostenlos – Buddhismus und Business passen nicht gut zusammen – und jeder hat sie stets in Reichweite. Es handelt sich um das Licht der Aufmerksamkeit, das in der Lage ist, jedes Leben zu erhellen.

Nachdem das Prinzipielle gesagt ist, worum geht es denn nun konkret?

Nebenbei bemerkt: Ich hoffe, Sie haben mitbekommen, mit wie viel Enthusiasmus und Motivation ich die obige Passage verfasst habe. Eine Marktschreierin hätte es nicht besser machen können: »Kommen Sie näher, meine Damen und Herren, entdecken Sie das Geheimnis der totalen Präsenz! Jahrhunderte der Spiritualität vor Ihren verblüfften Augen jetzt für Sie entschleiert! Kommen Sie und ändern Sie Ihr Leben im Lichte der Weisheit des Zen! Ommm ... Es ist genug für alle da ... Treten Sie näher!« Uff! All das für Sie, weil Sie es wert sind.

Was also tun? Wie kann man sich seines ersten Gedankens am Morgen bewusst werden? Und vor allem, um dann *was* zu tun? Um uns ein wenig zu amüsieren – das Leben ist kurz –, nehmen wir die Dinge, wie sie kommen. Zunächst das morgendliche Ritual, dann das »Wie und Warum« (das wir in den vorangegangenen Zeilen immerhin bereits angedeutet haben). Wir erfahren hier in Echtzeit eine Änderung des Paradigmas: die Umwälzung der Denkgewohnheiten und einen völlig unlogischen Ablauf der Argumentation. Etwas Sand ins Getriebe des Intellekts kann nicht schaden!

Ritual für den anbrechenden Tag

Wie üben?

Kurz bevor Sie aus dem Bett aufstehen, nehmen Sie sich einen Augenblick, um sich an den Rand der Matratze zu setzen. Mit den Füßen vorzugsweise auf dem Boden fassen Sie wieder Fuß; im buchstäblichen wie im übertragenen Sinne. Öffnen Sie die Augen einen Spaltbreit. Nicht zu sehr. Nur, um sich des Ortes bewusst zu werden, an dem Sie sich befinden. Und beginnen Sie, die Gedanken, die gerade Ihr inneres Universum durchqueren, zu studieren, zu sehen, zu hören. Woran denken Sie, dort, in diesem Augenblick? Nehmen Ihre Gedanken die Form von Bildern, von einer kleinen inneren Stimme oder von physischen/emotionalen Empfindungen an? Jeder Gedanke hat tatsächlich eine besondere Form, eine Struktur, die auf visueller, auditiver oder kinästhetischer Ebene auftaucht.

Beobachten Sie vom Moment des Aufwachens an den Inhalt Ihres Geistes, wie ein Wissenschaftler es tun würde. Sie werden dadurch zu einem Erforscher Ihres Gehirns: mit einer Lupe in der Hand, den Hut schief auf dem Kopf und mit einer Überraschung als Prämie! Denn Sie werden – wenn Sie es wirklich tun – ziemlich überrascht sein, was spontan in Ihrem Bewusstsein auftaucht. Ihre kleine Stimme, mal mürrisch, mal verschlafen, ist oft gegenwärtig, schon in aller Herrgottsfrühe. Werden Sie ihren Weisungen folgen?

Wirkung

Wenn Sie Ihre Gedanken im Laboratorium Ihrer spirituellen Praxis beobachten, können Sie eine neue Sichtweise, einen neuen Blickwinkel einnehmen. Und Sie können Abstand von Ihren mentalen Gewohnheiten gewinnen.

So ist es beim Aufwachen möglich, Gedanken wie »Noch so ein mieser Tag, und dann regnet es auch noch …« auf neutrale Weise zu betrachten. Dadurch verliert das Denken seine Möglichkeit, Einfluss zu nehmen. Wir haben es gewissermaßen auf Distanz gebracht. Und der Praktizierende verspürt eine tiefe Erleichterung: eine Art sehr kostbarer Befreiung, die es ihm erlaubt, den Tag auf eine viel leichtere Weise fortzusetzen.

Mein Rat

Wenn Sie noch nie eine solche Übung praktiziert haben, trainieren Sie, Ihre Gedanken bereits am Abend vor dem Einschlafen zu beobachten. Sie können das übrigens ruhig im Bett tun und dadurch merklich zur Ruhe kommen. Ich habe diese Übung Menschen mit Einschlafstörungen empfohlen. Der in Bezug auf ihre

Probleme wiedergewonnene Abstand hat ihnen ermöglicht, leichter Schlaf zu finden. Sie haben eine Form des Loslassens entdeckt, wobei sie gleichzeitig »etwas zu tun haben«, eine Aufgabe erfüllen können, die es erlaubt, den Geist zu kanalisieren.

Um sich beim Aufwachen an diese Übung zu erinnern – ja, ja, die guten Vorsätze! –, können Sie auch ein Post-it auf Ihrem Nachttisch oder an einem geeigneten Ort anbringen. Denken Sie auch daran, die Platzierung dieser Gedächtnisstütze regelmäßig zu verändern, damit Sie sie weiterhin wahrnehmen.

Und wenn Sie beim Aufwachen besonders schläfrig sind, führen Sie diese Übung aus, nachdem Sie sich das Gesicht mit kaltem Wasser gewaschen haben, wie es schon in einem sehr alten buddhistischen Text als Mittel gegen Schläfrigkeit empfohlen wird.

Frohes Üben!

Kapitel 4

Reise ins Innere des Ich, des Nicht-Ich und des Unendlichen

Unlängst hatte ich einen recht sympathischen und ziemlich direkten deutschen Journalisten für ein Interview zum Thema Stille am Telefon (Mein erstes Buch, *Stille – Meine buddhistische Kur für ein leichteres Leben,* ist 2018 auf Deutsch erschienen). Das war, nebenbei gesagt, mein erstes Interview auf Deutsch, bei dem ich mit einiger Rührung an meine verschiedenen Lehrer auf dem Collège und dem Lyzeum denken musste, die sich in dem Versuch, einem Haufen von Kulturbanausen ihre Liebe zur Sprache Goethes beizubringen, die Haare gerauft haben – ohne auch nur ein Zeichen von Interesse hervorzurufen, das über die Note auf dem Schulzeugnis hinausgegangen wäre. Rilke und Hesse blieben uns fremd. Dennoch zeigte das Interview mit dem Journalisten, dass meine verehrten Lehrer nicht umsonst gearbeitet hatten. Und so habe ich mit großer Dankbarkeit die Deklinationen und deutschen Genitive (die Germanisten werden es verstehen) gewiss nur annähernd, aber doch mit Enthusiasmus gemeistert.

Eine Frage des Journalisten M. H. hat mich überrascht und gleichzeitig begeistert! Ich war nämlich dabei, zu erklären, dass dieses Buch (das vorherige) eine Suche nach der inneren Stille sei, die das Einzige ist, das uns tiefe Ruhe unter allen Umständen bringen kann (und das alles *auf Deutsch!* ;-)), und M. H. erwiderte: »Aber befürchten Sie nicht, dass die Leute dadurch völlig auf sich selbst ausgerichtet, ja egozentrisch werden? Ich höre manchmal bei Abendveranstaltungen Monologe,

in denen es der vortragenden Person wichtig ist, eine halbe Stunde lang ihren ganzen inneren und äußeren Weg im Einzelnen zu beschreiben. Das ist ziemlich langweilig.« Das ging mir runter wie Öl! Ja, die Gefahr einer persönlichen Entwicklung besteht darin, sich so sehr auf sich selbst, das eigene Ich zu konzentrieren, dass alles andere verschwindet. Vom Es und vom Über-Ich – wozu uns Sigmund Freud einlädt – ganz zu schweigen. Ein Leben reichte nicht aus, um diese kleine Welt zu studieren!
Glücklicherweise eilt uns hier die Spiritualität zu Hilfe. In einer berühmten Unterweisung hat der Zen-Meister Dôgen (dreizehntes Jahrhundert), ein genialer Philosoph und Mönch, das Folgende geschrieben: »Den Weg Buddhas zu erforschen bedeutet, sich selbst zu erforschen. Sich selbst zu erforschen bedeutet, sich selbst zu vergessen. Sich selbst zu vergessen bedeutet, eins mit allem Existierenden zu sein.« Was für ein Programm! Unsere narzisstischen Charakterfehler durch den Fleischwolf gedreht!

Um also nun lang und breit und im Detail auf die von dem Journalisten aufgeworfene Frage zu antworten, präsentiere ich Ihnen einen kleinen Textentwurf im Zen-Modus.

Erster Satz: »Den Weg Buddhas zu erforschen bedeutet, sich selbst zu erforschen.«

Weit davon entfernt, uns zu erlauben, unsere Träume, Phantasmen oder irgendwelche freudschen Versprecher in aller Ruhe unter die Lupe zu nehmen, hat Meister Dôgen die Erforschung des Inneren in einen viel größeren Rahmen gestellt: den Weg des Buddha. Er erklärt von vornherein, dass jede spirituelle Suche zuerst einmal beinhaltet, sich dem zuzuwenden, was da ist: diesem »Selbst« oder »Ich«; dieser wechselnden und sprunghaften Persönlichkeit, die im Laufe eines Tages von einem Gefühl zum nächsten, von einem Gedanken zum anderen springt.

Was aber versteht Meister Dôgen unter »sich selbst erforschen«? Im Gegensatz zu vielen heutzutage angebotenen Vorgehensweisen geht es in der Tat nicht darum, von unseren Gedanken fasziniert oder hypnotisiert zu sein. Einige meiner Zeitgenossen verbringen wirklich viel Zeit damit, »um sich selbst zu kreisen«, indem sie ihr gesamtes Verhalten im Lichte von Psychologie, Schamanismus, des Enneagramms oder durch Familienaufstellung zu erklären suchen. Diese Methoden sind zweifellos nützlich, vorausgesetzt, dass sie bestimmten, genau präzisierten Aspekten unserer existenziellen Selbsterforschung vorbehalten sind. Ansonsten besteht die Gefahr, dass wir letztendlich zu einer Überpsychologisierung unserer inneren Welten gelangen, in einer Art narzisstischer Inszenierung, die jegliche konkrete Verbindung zum anderen, zum realen Leben verhindert, das jedoch weiterhin vor unseren abwesenden Augen abläuft.

Der angebotene Weg ist ein ganz anderer: Man soll sich zwar selbst erforschen, aber auf »neutrale« Weise! Ohne zu urteilen, zu analysieren, zu kommentieren. Es geht darum, Zeuge zu sein. Das heißt, sich der Emotionen und Gedanken, die durch uns hindurchgehen, bewusst zu sein und sie »leben zu lassen«; das heißt, sie sich selbst zu überlassen und sie einfach nur still und wohlwollend zu beobachten.

(Die vorherigen Sätze könnten fortgeschrittene Zen-Meditierende hochschrecken lassen. Sie mögen mir verzeihen. Der »stille Zeuge« ist lediglich ein Bild. Natürlich gibt es »ihn« nicht!)

Zweiter Satz des schrecklichen Patriarchen: »Sich selbst zu erforschen bedeutet, sich selbst zu vergessen.«

(Meister Dôgen, der schreckliche Patriarch, war sehr anspruchsvoll, um nicht zu sagen kompromisslos. Er ist für uns so etwas wie die über allem wachende Gestalt des Komtur aus Mozarts *Don Giovanni;* passen Sie also auf, was ich schreibe …)

Dôgens Satz verlangt zuerst einmal Präzisierung. Das Vergessen des Selbst, wie es auf dem spirituellen Weg verstanden wird, hat nichts damit zu tun, sich zu vernachlässigen noch sich ständig in den Dienst aller Welt zu stellen. Dieser Neigung begegnet man ja häufig in Berufen aus dem sozialen oder medizinischen Bereich: Das Individuum überschreitet munter seine Grenzen, um dem anderen zu helfen oder zu versuchen, ihn zu retten. Zu beobachten ist das auch bei Menschen, die – kaum dass sie ein Paar bilden – all ihre Träume und Bedürfnisse vergessen, um in dem Leben ihrer anderen Hälfte aufzugehen. Sie werden den gleichen Sport, die gleichen Freunde und die gleichen Hobbys annehmen. In diesen Beispielen ist das Selbstvergessen eher eine

Flucht vor der Realität als eine spirituelle Praxis. Vor allem ermöglicht es, sich niemals »selbst beobachten« zu müssen, denn der Fokus ist auf den anderen gerichtet, auf sein Wohlergehen, auf seine zu lösenden Probleme. Bei jungen Menschen (und auch einigen weniger jungen) ist das Aufgehen im Leben des anderen außerdem ein Mittel, sich nicht mit der grundlegenden Frage auseinandersetzen zu müssen: »Was will ich? Was sind meine Träume? Wozu habe ich Lust? Was ist mein Bedürfnis?«

Bei Meister Dôgen entsteht das »Sich-selbst-Vergessen« vor allem durch die vorangehende Phase der »Selbst«-Erforschung. Letztere verlangt eine wahrhaftige Verbindung zur Realität, zu den Emotionen, zu dem, was ist, jetzt: dieser im gegenwärtigen Augenblick zur Schau gestellten Persönlichkeit. Zusammenfassend gesagt: Es ist vollkommen nutzlos, gleich zu Schritt 2 (dem Vergessen des »Selbst«) zu gehen, ohne zuerst die Phase 1 (der Selbsterforschung) durchlaufen zu haben!

Wenn Dôgen vom Vergessen spricht, dann bezieht er sich vor allem auf diese unaussprechliche und mystische Erfahrung des »Verschwindens«. Die Persönlichkeit – deren Erscheinungsbild wir mehr schlecht als recht aufrechtzuerhalten suchen – »Ich bin Kankyo, buddhistische Nonne und Autorin ... Blablabla ...« –, verschwindet in dem lichtvollen Abgrund absoluter Gegenwart! Aber keine Angst: Wir werden hier nicht in eine psychiatrische Pathologie abstürzen, wie sie in der fünften Auflage des *Diagnostischen und statistischen Leitfadens psychischer Störungen* (wie auch immer) beschrieben wird. Es ist eine spontane und auch ihrerseits vergängliche Erfahrung, bei der im Nachhinein in einem selbst lediglich die Prägung einer Art von Loslösung zurückbleibt.

Lassen Sie mich das erklären. Wenn wir das Beobachten unserer Gedanken und Emotionen praktizieren (zum Beispiel während der Meditation), können wir feststellen, dass viele Dinge auftauchen, ohne logische Folgerichtigkeit und ohne Anfang noch Ende. Wir wissen nicht, woher dieser Wackelpudding stammt. Wir wissen nicht, wohin er anschließend geht. Diese Erfahrung – die in einem *d*ôjô für Zen-Meditation zu erleben ich Sie einlade – schafft eine Form von Loslösung hinsichtlich dessen, was wir vorher »meine Gedanken« genannt haben. Das Gleiche gilt für »meine Träume«, »meine Phantasmen«, »meine Versprecher« und so weiter. Und das gilt auch für »meine Persönlichkeit«, »mein Charakter« und »meine Lebensgeschichte«. Wenn diese Erfahrung – die Gedanken zu beobachten – jeden Tag aufgefrischt wird, verändert sich die Beziehung zum »Selbst« beachtlich. Eine Art von Abstand, ein wiedergefundener Raum manifestiert sich, den man als »Vergessen des Selbst« bezeichnen könnte.

(Eine Anmerkung für gelehrte Buddhisten, die diese vorangegangenen Zeilen gelesen haben: Ja, ich hätte von Anatman sprechen können, aber ich hatte keine Lust. Das ist alles.)

Dritter Satz: »Sich selbst zu vergessen bedeutet, eins mit allem Existierenden zu sein«

Achtung, mit diesem letzten Satz kommt Meister Dôgen den Engeln sehr nahe! Unser ehrwürdiger Patriarch hat ein riesiges Werk hinterlassen. Gedichte, Kommentare zu alten Sutras, aber auch etwas moralischere Bücher zur Erziehung seiner Mönche. Vollgestopft mit »man muss« und »du sollst«, sind diese Regelsammlungen dazu angetan, mir die Haare zu Berge stehen zu lassen. »Tu nicht dies, tu nicht das« – eine Art »inneres Eltern-Ich« wie es so gut in der Transaktionsanalyse beschrieben ist: Das Erscheinen eines »inneren Elternteils« lässt als Echo ein »inneres Kind« entstehen – wie auch eine ganze Kohorte an sozialen Beziehungen, die jeglicher Verantwortung entbunden sind.

Aber allein für diesen letzten Satz »Sich selbst zu vergessen bedeutet, eins mit allem Existierenden zu sein«, vergibt man Meister Dôgen alles!

Welche Einheit? Welches Existierende? Welches Sein? Jedes Wort dieses Satzes verdiente eine ganze Reihe von Kommentaren. Umso mehr, als der sino-japanische Originaltext mit chinesischen Schriftzeichen geschrieben ist und es damit um Konzepte geht, die der

Vorstellungskraft oder den Empfindungen einen viel größeren Spielraum lassen (siehe Roland Barthes' Buch *Das Reich der Zeichen*).

Was uns Meister Dôgen empfiehlt, ist, die Welt wieder mit einem frischen und neuen Blick zu betrachten. In unserem modernen Leben: etwas Raum lassen. Sich Zeit für die Kontemplation nehmen. Kontemplation! Ohne gleich einen kleinen scharfsinnigen oder ironischen Kommentar hinzuzufügen. Einfach nur das Auge, das schaut, die Landschaft, die sich bietet, und die Einheit, die sich manifestiert.

Von dieser Erfahrung des Unendlichen haben viele Mystiker, Künstler und Dichter Zeugnis abgelegt. Die Jugend ist ebenfalls geeignet für eine solche Erfahrung. Das ist ein Alter, in dem man schnell vom Taumel des Unerklärlichen erfasst wird – etwa wenn man im Unterricht die Quantenphysik durchnimmt oder sich das Unglück ereignet, dass einer unserer Kameraden plötzlich stirbt oder schwer krank wird.

Ansonsten kann sich diese Öffnung für die Welt unter ganz normalen Umständen ereignen, wenn man kocht, wenn man seine Augen plötzlich vom Computerbildschirm erhebt oder wenn man zum Beispiel gewisse Klänge ganz frisch hört. In einer berühmten Zen-Geschichte erlangt ein Mönch (der lange Zeit nach Erleuchtung gestrebt, zahlreiche Meister besucht, die Berge durchstreift und Klöster besucht hat) die »Verwirklichung«, als er einen kleinen Kieselstein von einem Bambusstamm abprallen hört! Eine Anekdote, die läppisch anmuten mag, aber dennoch das Wesentliche zum Ausdruck bringt: Die Spiritualität wohnt im Herzen des

Alltags. Hier. Und jeder Tag birgt sein Quäntchen Mysterium und Unendlichkeit für denjenigen, der seine Augen ein wenig zu öffnen vermag.

Um diese Erfahrung von Allem und Nichts beschreiben zu können, verwende ich auf diesen Seiten die Terminologie der vollen Präsenz; also einer Art und Weise, mit den Dingen eins zu sein. Doch diese Worte bleiben nur eine Annäherung an das, was sie auszudrücken suchen, wie eine schwache Widerspiegelung der Schönheit der Welt.

Und dann gibt es noch einen vierten Satz.

In der Tat belässt Meister Dôgen es nicht bei den drei ersten. Unbeweglich sitzend inmitten der Feuersglut, eingehüllt in sein *kesa,* besitzt er genug Erfahrung, um das Folgende zu proklamieren: den bekannten vierten Satz. Und dies ist der Augenblick, indem ich mich auf Zehenspitzen davon mache, damit Sie ihn selbst entdecken können, wenn Ihnen der Sinn danach steht.

Ritual: Zazen, die Zen-Meditation, jeden Tag!

Offen gestanden hatte ich kaum eine andere Wahl, als Ihnen dieses Ritual vorzuschlagen. Würde ich es wagen, Ihnen nach der langen Vorrede genau an diesem Punkt mit Entspannung oder Visualisierungen zu kommen, würde der Geist von Meister Dôgen mich bis an mein Lebensende an den Zehen kitzeln.

Es wird also um *zazen* gehen, die Zen-Meditation. Eine anspruchsvolle Praxis, geradezu asketisch … Aber so unglaublich pur!

Wie man übt

Die Übung gründet sich auf drei »Aktionen«, die sich abwechseln und sich manchmal vermischen:

- Die Konzentration auf den Körper, der sich in einer ganz bestimmten Haltung befindet,
- die Konzentration auf die Bewegung des Atems,
- das neutrale Beobachten des Kommens und Gehens der Gedanken.

Das sind also drei Praktiken in einer: dem Zazen, der Zen-Meditation. Zazen umfasst die Gesamtheit dessen, was uns als Mensch ausmacht – Körper, Atem und Gedanken – und lehrt uns, uns wieder zu zentrieren und zur Ruhe zu kommen. Ein tägliches Ritual, das in unserer hyperaktiven Gesellschaft umso wichtiger ist!

Es empfiehlt sich, sich auf dem Boden auf ein Kissen zu setzen, mit verschränkten Beinen, wobei die Knie auf dem Boden ruhen. Das Sitzkissen, das auf Japanisch *zafu* genannt wird, erlaubt es, die Wirbelsäule aufzurichten und so die Rückenprobleme zu beheben, die in unserer modernen Gesellschaft weitverbreitet sind. Indem man sich aufrecht hinsetzt, nimmt der Körper eine edle, ja geradezu königliche Haltung ein, die unsere innere Herrlichkeit widerspiegelt. Da die Körperhaltung einen unmittelbaren Einfluss auf unseren Gemütszustand hat, werden Sie deren Bedeutung sehr schnell verstehen.

Für die Praxis der Zen-Meditation werden zahlreiche körperliche Aspekte genau vorgeschrieben: die Position der Hände, der Augen, des Kiefers und sogar … der Zunge! Mit jeweils bemerkenswerten Auswirkungen. Der leichte Druck der Zunge auf den Gaumen hinter den oberen Zähnen erlaubt es, den Kiefer zu entspannen, ohne den Mund zu öffnen … und ohne zu sabbern! Clever nicht wahr? Eine Logopädin, der ich kürzlich Gesangsunterricht gegeben habe, erläuterte mir übrigens, dass dies die Haltung des Munds in Ruhestellung sei.

Aber es würde hier den Rahmen sprengen, auf die verschiedenen Punkte der Körperhaltung im Einzelnen einzugehen. Sie können genaue Anweisungen zur richtigen Körperhaltung im Internet unter dem Suchbegriff »Zazen Haltung« in Bildern und Videos finden. Andere Sitzmöglichkeiten (kniend, auf einem Stuhl) werden dort ebenfalls beschrieben, um diese Praxis auch den weniger Gelenkigen unter uns zu ermöglichen!

Dosierung

Die Zen-Meditation ist also eine der kostbarsten Übungen für jemanden, der zu einer Begegnung mit sich selbst aufbrechen will. Ich empfehle Ihnen, jeden Tag, morgens und abends, zehn bis fünfzehn Minuten zu meditieren. Außerdem ist anzuraten, das Zazen zuvor unter der Leitung eines Mönchs, einer Nonne oder eines erfahrenen Laien (der selbst seit vielen Jahren praktiziert) zu erlernen: in einem Zen-Dôjô beispielsweise oder während eines spirituellen Retreats.

Eine kleine Warnung und ein freundschaftlicher Rat

Da Meditation in unserer Gesellschaft in Mode gekommen ist, haben sich zahlreiche Menschen aus dem Stegreif zu Lehrern ernannt. Sie haben eine Einjahresausbildung gemacht oder gar nur ein einfaches Wochenende, bevor sie sich niederließen. Der Bereich des Mentalen, des Bewusstseins und der Emotionen scheint mir aber so heikel zu sein, dass man versuchen sollte, ihn unter Anleitung wirklich erfahrener Menschen zu erkunden.

Sie haben oben lesen können, dass die unendliche Tiefe – und die Komplexität – des Themas sich nicht auf eine neue Form der Persönlichkeitsentwicklung beschränken lässt. Im Buddhismus praktizieren die Meditationslehrer selbst mindestens zehn Jahre, bevor sie ihre Erfahrung weitergeben können. Dazu haben sie das Einverständnis eines älteren Lehrers erhalten, der sie betreut. Außerdem bemühen sie sich, mit den anderen seit Langem Praktizierenden verbunden zu bleiben, um sich auszutauschen und sich mit Problemen zu konfrontieren, die ihnen bei der Leitung der Sitzungen begegnet sind. Ich empfehle Ihnen deshalb, Ihren Führer auf diesem Gebiet mit Umsicht auszuwählen und auf die spontanen Reaktionen Ihres Körpers zu achten.

Kapitel 5

Die Unterweisung eines Salatblatts

oder wie man wieder »zur Besinnung« kommt

Ich fluche, ich schimpfe, ich ärgere mich und ich meckere! Das Schreiben dieses Buchs, das ein von Blumen gesäumter Weg hätte sein sollen, erweist sich als dornenreicher Weg: Unerwartete Ereignisse, Anfragen zu Beiträgen und überraschende Verpflichtungen haben sich – ohne dass sie im Geringsten eingeladen wären – zu der Liste der täglichen Aktivitäten hinzugesellt.

Ideal wäre es gewesen, ein Kapitel pro Tag und, falls nötig, nur einige E-Mails schreiben sowie lange Waldspaziergänge zur Inspiration machen zu können – und damit basta. Aber wie zufällig dringt das Leben in dieses gut abgeschottete Programm ein: Es hat einige Sandkörner ins Getriebe gestreut, als wolle es im Vorbeigehen daran erinnern, dass das Unvorhergesehene Teil der Party ist. Und meine Tage gleichen seither einem ungeordneten Haufen von »Dingen, die schnellstens zu erledigen sind«. Obendrein dieser unangenehme Eindruck, sich vor einer endlosen Liste zu befinden, einem Brunnen ohne Boden, einem formlosen Magma, einem Wollknäuel, nachdem eine Katze damit ihr Unwesen getrieben hat, kurzum … einem Saustall!

Zu dem Ganzen kommt auch noch dieses quälende, unförmige Gefühl in der Magengrube hinzu. Man weiß nicht so recht, was es ist. Es ist schwarz, dicht, es scheint kompliziert zu sein. Die Zeitschriften nennen es … Stress. Ein weitverbreitetes Gefühl, das in zahlreichen Situationen entstehen kann. Doch sein Lieblingsgebiet, seine liebste Entfaltungszone, ist der Stapel der zu erledigenden Dinge – und die Zeit, die sich im Verhältnis dazu zusammenzieht wie die Lebenszeit des Protagonisten in Balzacs Roman *Das Chagrinleder*.

So stehe ich also vor meinem Spülbecken in der Küche und bereite mir mein Essen à la Meckerziege. Aus Erbarmen mit meinen Katzen findet mein Gejammer im Stillen statt, gut abgeschirmt im Innern meines Kopfs. Die kleinen Tigerchen können ruhig schlafen, sei es auf der Heizung, sei es auf einem alten Koffer oben auf dem Schrank; ganz gemütlich – und haben keine Ahnung von dem Drama, das sich in meinem Kopf abspielt.

Aber innerlich meckere ich:

»Die Mahlzeit zuzubereiten, das braucht Zeit ... Eine verheiratete Frau mit Kindern würde mir da nicht widersprechen ... Und ich *habe* keine Zeit, ich muss ein Buch schreiben, verdammt (ja, manchmal sage ich verdammt in meinem Kopf) ... Na ja, wenigstens ein Salat, das ist gut, schließlich muss ich mich gesund ernähren; der Winter zieht sich schon lange hin und wenn ich auch noch irgendein Zeug essen würde, hätte ich bald für nichts mehr Kraft ... Also los, einen Salat ...«

Live-Auszug eines inneren Dialogs der Nonne Kankyo im Februar 2018. Haben Sie bitte die Güte, dies nicht zu kommentieren ...

In diesem Augenblick wasche ich also den Salat. Die Blätter des Feldsalats werden mit Höchstgeschwindigkeit unter kaltem Wasser gewaschen, um mich so schnell wie möglich dieser Unannehmlichkeit zu entledigen.

Genau genommen wasche ich den Salat nicht wirklich. Die Dinge werden automatisch absolviert, während das Gehirn im Eiltempo Sätze wie in Panik aneinanderreiht.

Es hat – unbewusst – in der Magengrube diese Form von Stress gespürt und stöbert als treues Teammitglied in allen Richtungen herum, um diesem Unbehagen zu entgehen. Es sucht nach einer Lösung, durch ein mentales Mittel eine körperliche Empfindung auszuräumen … Hmmh … Sehr zweifelhaft, ob das funktionieren kann. Im ersten Augenblick scheint das Schimpfen den Geist ein wenig abzulenken, und der Stress ist weniger stark. Dennoch arbeitet die zerebrale Maschinerie immer weiter mit zehntausend Umdrehungen in der Minute und erzeugt dabei als Ergebnis dieser Übung etwas, das unaufhaltsam zu sein scheint. Ein echtes Pulverfass!

Und dann taucht wie durch einen Zauber plötzlich dieses kleine grüne Salatblatt auf. Es ist von einem Dunkelgrün, Tannengrün, fühlt sich an den Fingerspitzen weich an und ist vom Strauß seiner Schwestern getrennt worden. Ein ganz kleines Blatt, das am Boden des Spülbeckens liegt. Ich sehe es. Endlich sehe ich es! Inmitten des mentalen Wirbels hat etwas gebremst, mit einem Schlag, und mich wieder mit der Gegenwart verbunden. Und dort ist dieses Blatt, dieses Spülbecken – und vor allem das Gefühl, voll durchzuatmen. Das hält für drei Sekunden an! Ein flüchtiger Eindruck, bevor der Geist, von der unbezwinglichen Kraft der Gewohnheit mitgerissen, wieder versucht, aufs Neue loszulegen.

Doch dieses Mal, so weiß ich aus Erfahrung, muss ich schnell reagieren, um wieder die Oberhand zu gewinnen. Wenn die Bewusstseinsblitze nicht so sorgsam gegossen werden, wie eine Tomatenstaude, verwelken sie schnell. Schnell! Ich schalte den Modus

»Konzentration« ein. Schnell! Alles tun, um die Bewusstheit dafür zu bewahren, was ich gerade tue.

Um ehrlich zu sein, ich habe keine andere Wahl. Vielleicht haben Sie es geahnt. Ich habe bereits eine Menge Dinge ausprobiert und bin zu folgender Erkenntnis gelangt:

- Ich werde nicht imstande sein, die Liste der zu erledigenden Dinge zu verdrängen.
- Ich werde nicht imstande sein, das unangenehme Gefühl, das daraus entsteht, zu beseitigen.
- Ich werde nicht imstande sein, die eventuellen inneren beschuldigenden und negativen Kommentare zu eliminieren. »Du bist wirklich eine Niete; noch immer total verträumt …«
- Aber ich kann ein oder zwei Rituale benutzen, um »wieder zur Besinnung« zu kommen.

»Wieder zur Besinnung« kommen – was für ein passender Ausdruck! Es den wirbelnden Vorstellungen erlauben, sich zu legen, hier und jetzt. Diese Rituale finden Sie im Folgenden minutiös beschrieben.

Und während ich an diesem Tag innehalte – versprechen Sie mir, dass das unter uns bleibt! –, danke ich meinem kleinen Salatblatt. Ich glaube tatsächlich, dass es mir zugezwinkert hat. Denn aufgrund seiner Farbe, dieses tiefen Grüns, seiner unnennbaren Konsistenz, seiner Art und Weise, im Spülbecken umherzuwirbeln, habe ich mich wieder erinnert. »Ohne Salat keine Erleuchtung« könnte somit unser Slogan lauten!

Einige Rituale, um wieder »zur Besinnung« zu kommen

Das Ritual des Stopps

Stopp! Pause! Wir halten inne. Eine Minute genügt. Sie können stehen oder sitzen bleiben, dort, wo Sie sich in diesem Augenblick befinden. Machen Sie eine Pause bei dem, was Sie gerade tun, atmen Sie und machen Sie sich Ihren Körper wieder bewusst. Auf diese Weise wird der Geist plötzlich abgeschaltet, und das Ritual des Stopps gestattet Ihnen, aufs Neue im gegenwärtigen Augenblick zu sein.

In den Übungszentren des Zen-Meisters Thich Nhat Hanh läutet jede Stunde eine Glocke der Achtsamkeit. Sie lädt die Praktizierenden ein, mit allem innezuhalten. Mit allem. In diesem Augenblick. (Nun gut, wenn nötig, sollten Sie schon die Herdplatte oder die Bohrmaschine ausschalten.)

Dieses Wort kann auch so etwas wie ein inneres Mantra werden. Stopp. Ausgesprochen von einer ruhigen Stimme, die uns Lust macht, immer wieder zu ihr zurückzukehren. Stopp. Ich bin da. Stopp. Ich atme ein und aus. Stopp. Ich lausche den Tönen. Stopp. Ich fühle mich besser …

Innezuhalten, eine Pause zu machen, ist in dieser Gesellschaft nicht gerade in Mode. Wir huldigen von unserer Neigung her eher den hyperaktiven Menschen, den Superfrauen, den Athleten des Alltags. In der Spiritualität hingegen ist das Innehaltenkönnen eine Tugend; das Zeichen einer inneren Ruhe. Der Mensch, der eine Pause macht, ist fähig, in Frieden mit sich selbst zu sein. Nicht gerade einfach. Und an den Zen-Klöstern geht diese Überaktivität auch nicht vorüber. Einige Praktizierende putzen, kalkulieren und räumen auch noch während dieser Ruhetage weiter. Wenn ihnen Spaziergänger, Dichter oder Löcher-in-die-Luft-Starrer begegnen, senken sie den Kopf und gehen schnell, mit finsterem Blick, auf ihre Aufgabe zu, die sie ruft. Ihre Anwesenheit kann bedrückend sein; wo doch der Zweck des Tages darin besteht, gemütlich rumzuhängen. Aber sie erlaubt es uns auch, schneller auf dem Weg der Loslösung voranzukommen und das unterschwellige Schuldgefühl direkt an der Quelle zu erforschen. Habe ich das Recht, den fliegenden Vögeln hinterherzublicken, während meine Mitschüler das Feuerholz stapeln? Kann ich friedvoll an der Wasserquelle sitzen, ohne mich schuldig zu fühlen? Ohne die anderen wäre es diesen Fragen nicht möglich, an die Oberfläche zu treten. Hier bietet sich endlich einmal die Gelegenheit, allen Überaktiven in der Welt feierlich zu danken, da sie uns erlauben, diese innere Arbeit anzugehen. *Namaste.*

Das Ritual der Zuflucht zum Atem

Um »zur Besinnung« zu kommen, hat sich auch ein anderes Ritual bewährt. Es ist ganz einfach. Und sehr wirksam … Vorausgesetzt man führt es aus!

Ihre Gedanken schwirren herum und Ihr Kopf scheint kurz vor dem Explodieren zu sein. Das ist der geeignete Moment, um sich für einen Augenblick abzusondern und sich wieder mit dem Atem zu verbinden. Ihr »Unglück« bietet Ihnen eine große Chance! Von morgens bis abends kommt und geht Ihre Atmung ohne Unterlass, ganz gleich welcher Art Ihre Aktivitäten gerade sein mögen. Sie ist eine Zuflucht, ein Nest, eine mollige Höhle, wohin Sie sich in Sicherheit zurückziehen können.

Wie man übt

Ziehen Sie sich zurück: auf die Toilette, in Ihr Büro, in Ihr Zimmer, in den Wald oder einfach auf mentale Weise.

Legen Sie sanft die Hände auf Ihren Bauch, als hielten Sie ein kleines warmes und weiches Tier. Sie können es sich weiter ausmalen, wenn es Ihnen guttut. Und atmen Sie. Spüren Sie Ihren Atem, wie er kommt und geht. Und wie die Bewegung des Bauches damit zusammenhängt.

Wirkung

Die Bewegung wird sich allmählich beruhigen, in dem Maß, in dem Sie sich wieder in sich zentrieren. Der Schlüssel zu dieser Übung ist das Empfinden. Es ist unnütz, »an das Atmen zu denken«; es geht vielmehr darum, »wirklich zu atmen«, mit all den Empfindungen, die mit diesem körperlichen Phänomen einhergehen.

Anwendung

Wenn Sie dieses Ritual regelmäßig üben, schaffen Sie einen Anker, einen inneren Raum der Kraft im Bauch, in den Sie zurückkehren können, sobald Sie dessen bedürfen. Und natürlich wird Ihre Verankerung stärker, je öfter Sie dorthin zurückkehren (mehr über die Macht des Atems lesen Sie in Kapitel 10).

Weitere Anregungen: Alle Rituale, alle in diesem Buch vorgestellten Praktiken, sind eine Übung. Es geht darum, allmählich zu lernen, wie man sie ausführt, Schritt für Schritt. Es ist möglich, sofort dorthin zu gelangen. Oder auch nicht. Es ist auch möglich, die tiefen Vorzüge des Rituals nach Hunderten von Malen zu entdecken. Auch wenn ich Sie für den Anfang einlade, jene Rituale auszuwählen, die »sofortige Wirkung« haben, versuchen Sie dennoch, auch jene zu ergründen, die Ihnen »nichts sagen«. Denn sie können so wie jener Freund sein, den Sie erst zu schätzen gewusst haben, nachdem Sie einige Jahre mit ihm verkehrt haben. Oder wie diese etwas hässliche Grünpflanze, die eines Jahres in blendenden Farben blühen wird, nachdem sie sich lange genug darauf vorbereitet hat …

Kapitel 6

»Brana nach dem Regen«: Spiritualität an der Schwelle des Todes und danach …

»Sterben heißt, nach vielfachem Grünen durch das Nadelöhr zu gehen. Man muss durch den Tod hindurchgehen, um dem Leben in einem Zustand von souveräner Bescheidenheit entgegenzutreten.«

René Char – La Nuit talismanique

Eine Geschichte mitten im Winter

Sie hieß Brana. Ihr Vorname ließ mich immer an das berühmte *prâna*, den »Atem« in der Tradition der Yogis, denken. Brana stammte aus Island. Ihre Eltern waren in den Sechzigerjahren auf französischem Gebiet gelandet, stiegen sich schüttelnd aus dem Flugzeug und sperrten die Augen vor ihrer neuen Welt weit auf: dem Elsässer Boden. Er war wärmer als ihr Herkunftsland, doch hier gab es ebenfalls weite Räume und eine Handvoll von Menschen, die sich um sie kümmerten. Und so wurden die Fohlen geboren, und unter ihnen Brana: eine Schönheit mit sanften Augen und einer Mischung aus Lebendigkeit und Zärtlichkeit.

Jahrelang hatte sie dann kleine Menschen bei ihren Lernschritten begleitet. Hatte kleine ungeschickte Hände ertragen, Finger in den Augen, Schreie, Lachen, Tränen. Sie hatte bei Wanderungen die Lasten getragen. In ihrer Gruppe befand sie sich als Alpha-Stute meist an der Spitze, wobei sie eine natürliche Hoheit verkörperte. Dabei fehlte ihr ein Auge, oder fast: Ihre rechte Pupille wurde seit Jahren von einem undurchsichtigen Schleier bedeckt, der einen großen Teil ihres Gesichtsfelds verdeckte. Aber – daran erinnern wir oft in diesem Buch – die innere Kraft hat nichts mit den körperlichen Fähigkeiten zu tun.

In ihrem Leben bis hin zum Ende hatte Brana Glück: Gutes Karma, wie man so sagt. Jeden Tag kehrte sie nach den Unterrichtsstunden und Wanderungen zur Herde zurück auf die Weide. Pferde in Beinahefreiheit tollten auf hügeligem Gelände umher, genährt von Gras und Heu. Stuten, Hengste und Fohlen … eine richtige kleine Welt.

Und dann kam die Stunde des Ruhestands. Ein langer Ruhestand, denn die Besitzer hatten die Reitstunden und die Zucht aus Gesundheitsgründen aufgegeben. Aber voller Liebe haben sie all ihre Schützlinge behalten und sich mit einer bewundernswerten Beständigkeit und Leidenschaft bei jedem Wetter um sie gekümmert.

Mitten im Winter, vor einigen Wochen, konnte Brana nur noch mit Mühe fressen, dann immer weniger und schließlich überhaupt nichts mehr. Sie verlor an Gewicht, viel Muskelmasse, während nach und nach alle möglichen medizinischen Untersuchungen durchgeführt wurden. Die letzten Tage legte sich Brana oft hin, sogar in Pfützen, ohne noch die Kraft zu haben, sich trockenen Boden zu suchen. Es hatte den Winter über viel geregnet. Die von Wasser vollgesogenen Bäume stürzten bei der geringsten Windbö um. Die Stürme folgten aufeinander und die Luft war oft vom Klang eines dumpfen Pfeifens erfüllt.

Dann galt es, zu entscheiden, ob man – wie es üblicherweise heißt – ihr Leiden verkürzen solle. Am letzten Tag hatte es aus Eimern auf den Wald geschüttet. Wir hatten sie wieder einmal im Schlamm liegend gefunden und brachten sie zurück in ihre Box. Eine

Decke über dem Rücken, ausreichend Wasser und Granulat, an dem sie vorsichtig roch, bevor sie den Kopf abwandte. Als es Abend wurde, merkten wir endlich, dass etwas fehlte. Sich Brana in ihrer letzten Nacht allein hinten in der Box vorzustellen, war eine unsägliche Grausamkeit. Ein Pferd ist ohne seine Herde unglücklich, und keine menschliche Präsenz kann daran etwas ändern!

Also ging ich los, um Diana zu suchen, ihre Schwester auf der Weide. Wir durchquerten den Wald in der Abenddämmerung, obwohl immer wieder Äste von den Bäumen krachten. Diana war beunruhigt; ich hielt sie sehr fest. Als wir jedoch den Hof erreichten, gab sie, vor Freude Brana wiederzufinden, ein Wiehern von sich, schnupperte an ihr und stieß sie sanft am Kopf. Endlich zusammen!

Am nächsten Tag kam der Tierarzt. Die beiden Fräuleins, sonst an weite Räume gewöhnt, maulten etwas, dass sie in der Box eingepfercht waren. Wir brachten Brana zum nicht weit entfernten Sattelplatz. Diana wieherte mit einem rauen Ton, den ich zum ersten Mal hörte. Und Brana, obwohl sie Mühe hatte, zu gehen, antwortete ihr auf gleiche Weise. »Es ist an der Zeit, ich gehe« oder »Adieu, meine Schwester, pass auf dich auf« oder vielleicht »Ich habe das Leben unter der Sonne und den Sternen so geliebt« …

Einige Augenblicke später ruhte sie im Sand, ihre braune Mähne auf dem Sand ausgebreitet wie die Krone einer Löwin.

Am Himmel erhellten die fahlen Strahlen der Sonne die Szene.

Im Gleichgewicht am Rand der Leere

Eine spirituelle Begleitung von Anfang an

Was diesen Abschnitt betrifft, habe ich keine besondere Lust, Ihnen ein Ritual vorzuschlagen. Eher kleine Reflexionen, zwischen Leben und Tod, zwischen Eingreifen und Lassen, um dem großen Abgang, wenn nötig, wieder einen Sinn zu geben.

Das, was uns hier interessiert, sind die ganz besonderen Augenblicke des Davor und Danach. Vor einigen Jahren hatte mein sehr betagter und kranker Vater beschlossen, nichts mehr zu essen. Er war bei klarem Verstand, aber mit einer Wahrnehmungsweise, die verbunden mit seinem hohen Alter sehr speziell war. Die Zeit hatte ihre Tiefenschärfe verloren. Nachdem die Lust oder die Fähigkeit, sich in die Zukunft zu projizieren, verschwunden war, hielt er sich in einer ewigen Gegenwart auf.

Erschöpft von seiner langen Krankheit, plagte ihn diese Gegenwart leider sehr: ein schmerzender Körper mit zu wenig Energie, um die schmerzfreien Augenblicke zu genießen.

Ich habe meinen Vater in diesen letzten Wochen durch einen zeitlosen Raum begleitet.

Es gäbe viel über das Ende des Lebens zu sagen, das in unserer heutigen Gesellschaft so oft kaschiert wird. Der Tod: allgegenwärtig und unsichtbar. Und das Scheiden von Nächsten wird noch trauriger durch die Begräbnisse, die oft nichtssagend und ohne Rituale vonstattengehen.

Da sein und Raum lassen

Ich dachte an all dies, als Brana ging. Am Vorabend hatte ich einige buddhistische Mantras für sie gesungen, während sie mit Diana in der Box war. Ich spürte jedoch sehr schnell, dass ich dort nichts zu suchen hatte. Dass es ihrer beider Augenblick war, nur ihnen gehörend: den dicken Freunden seit zwanzig Jahren. Begleitung in diesem Sinne ist ein feines Oszillieren zwischen Da-Sein und Raum lassen. Unser eigenes Bedürfnis hat hier nichts zu suchen und die Situation verlangt Aufmerksamkeit in jedem Moment. Ich ging auf Zehenspitzen hinaus und trank mit meinen Freunden auf dem Hof einen Tee …

Sich mit dem Unsichtbaren verbinden

Im Augenblick des Scheidens und in den Stunden davor verändert die Zeit ihre Form. Ihre Substanz ist dichter, konzentrierter. Das ist der ideale Moment, um diesen möglichen Spalt im Raum-Zeit-Gefüge zu spüren und das eigene Herz dem Unsichtbaren zu öffnen. Mit den Füßen auf dem Boden und geschärften Sinnen, aber in der vibrierenden Dimension jenseits der Worte verweilend. Das ist eine Erfahrung, die viele von uns in bestimmten Situationen bereits gemacht haben: allein auf dem Gipfel eines Berges, direkt nach einem Unfall, bevor man einen Wasserfall hinunterspringt, bei der Geburt eines Kindes, bei der Kontemplation des Meeres oder eines Bergsees …

Man weiß nicht genau, was los ist. Es ist unaussprechlich. Und doch ist eben dieser Bereich der Ursprung vieler Kunstwerke.

Wenn man sich daher in der Gegenwart einer scheidenden Freundin oder eines scheidenden Freundes vertrauensvoll mit dem Unsichtbaren verbindet, verleiht das diesem Scheiden eine heilige Dimension. Man gewinnt Zugang zu ihr, indem man sich zum Beispiel an jene Momente erinnert, in denen man selbst »im Gleichgewicht am Rande der Leere« stand, wie es oben beschrieben wurde. Die Erinnerung an diese aufgehobene Zeit, diese magischen Augenblicke zu erneuern, erlaubt dem Körper, die besonderen damit verbundenen Gefühle wiederzufinden: Sei es eine Nichtgetrenntheit von ich und der Welt; sei es eine starke Intuition, dass Gott existiert, dass Er da ist; sei es die Wahrnehmung eines Übergangs von der Realität des Hier zu einem Woanders … Was auch immer das Unsichtbare in Ihnen wachrufen mag, Sie können sich, mit dem scheidenden Lebewesen an Ihrer Seite, damit verbinden.

Ob die Person oder das Tier dabei bewusst ist oder nicht, macht keinen Unterschied. Ob die Person oder das Tier friedvoll oder erregt ist, ebenfalls nicht. Für den Augenblick liegt es an Ihnen, ob die Alchemie wirksam ist. Von Ihrer Öffnung ausgehend, kann sich die Magie übertragen.

(Es scheint sogar so zu sein, dass diese Alchemie andauernd da ist, die Schleier der Unwissenheit aber häufig den Zugang zu ihr versperren. Möge ein Windhauch sie lüften … hier … sofort … Pfff … Atmen Sie. Sie leben …)

Beten

Und dann, wenn sich die Tore des Himmels öffnen, tauchen Wortfetzen aus der Schwebe auf.

Worte, die an das Unerhörte gerichtet sind: »Lieber Gott, mach, dass alles gut geht«; »*Om mani padme hum*«; »Gegrüßet seist du, Maria«; »*Nen pi kannon riki*« … Oder Worte, die sich an den Sterbenden richten: »Ich liebe dich. Danke für alles, was du mir gegeben hast. Möge deine große Reise uns noch tiefer vereinigen …«

Wenn Sie solche Worte auf Ihren Lippen aufblühen lassen, entsteht in beiden Fällen eine besondere Stimmung. Das, was gesagt wird, ehrt den Augenblick. Mit leiser Stimme. Murmelnd. In einem Atemzug. Nur zwischen uns beiden …

Blumen schenken

Um den Leichnam von Brana im Sand habe ich kleine Töpfe mit Primeln verteilt. In allen Farben. Ihre kleinen Blütenblätter erinnerten an die Zerbrechlichkeit des Lebens. Sie umgaben Brana wie ein buddhistisches Mandala zum Schutz. Die zarten Töpfchen im Sand schienen die schöne Stute zu beleuchten …

Blumen schenken, um das Leben zu feiern, das dennoch weitergeht. Und auch, um sich daran zu erinnern, wenn man es braucht, dass Schönheit unter allen Umständen gegenwärtig ist.

Beim Leichnam meditieren

Ich wollte »bei den sterblichen Überresten meditieren« schreiben; bei dem seines Atems, seiner vertrauten Gebärden beraubten Wesen. Was bleibt von ihm? Der Körper wird allmählich erstarren. Wird die Zeit des Verstorbenen wohl ebenso erstarren? Während sich das Blut zurückzieht, ist in ihm eine Alchemie am Werk: Mikroskopisches Leben nährt sich von ihm. Der Tod erlaubt anderen, zu leben.

Ich habe mich mehrfach bei Brana niedergelassen, um zu meditieren, bevor sie abgeholt wurde. Alles war unendlich still. Von ihrem Körper ging ein tiefer und stiller Friede aus.

Das Gleiche habe ich damals bei meinem Vater getan, in seinem Zimmer und dann im Aufbahrungsraum, wie eine letzte Huldigung.

Epilog

Zwei Tage später kam also der Lastwagen. Außer wenn Sie über ausreichend große finanzielle Mittel verfügen, werden alle verstorbenen Tiere auf die gleiche Weise abgeholt: vom Abdecker. Die sterblichen Überreste werden mit einem Greifarm angehoben und mehr oder weniger sanft in einen Müllcontainer geworfen. Das ist brutal. Wir wissen es. Und so habe ich während der ganzen Szene buddhistische Gesänge gemurmelt, um die Engel einzuladen. Als Brana im Stahlkiefer davonschwebte, schienen Leuchtfäden um sie herumzufliegen. Ich weinte, spürte aber, dass sie lächelte.

Die kleinen bunten Primeln haben lange geblüht.

Einige habe ich wieder eingepflanzt und die anderen dem Lastwagenfahrer geschenkt: für ihn, für seine nicht so leichte Arbeit, und für all diese Wesen, die scheiden und die er jeden Tag in seinen Müllcontainer einsammelt.

Kapitel 7

Ein Loblied auf die Zerbrechlichkeit

Begegnung am frühen Morgen

Seit heute Morgen fühle ich mich auf eine sehr angenehme Weise am Rande der Tränen. In einer unerhörten Zerbrechlichkeit und Einwilligung. Und aus diesem Einverständnis und Annehmen erwächst eine unerwartete Zartheit. Um es offen zu gestehen, ist dies kein mir besonders vertrautes Gefühl, und seine Seltenheit ist an sich schon ein Schatz. Ich neige sonst eher dazu, vor Freude zu erschauern, Freudensprünge zu machen oder – ehrlich gesagt – mich wegen einer Lappalie fürchterlich aufzuregen. Aber diese Zerbrechlichkeit hat mich in der Morgendämmerung regelrecht überrumpelt.

Alles hatte wie üblich mit dem Aufstehen beim Aufdämmern des Morgens begonnen, gefolgt von der sorgfältigen Zubereitung der für die entzückenden Tiere zusammengemischten Speisen: Pastete für die Katzen (mit etwas Magnesiumchlorid für die Abwehrkräfte), Gerstenflocken und Leinsamen für die getreuen pensionierten Schlachtrösser (mit etwas Magnesiumchlorid, ich bin monomanisch) und verschiedene Körner für die Vögel (ohne Magnesium, denn ich kenne ihren Stoffwechsel noch nicht genug; falls ein Mitglied der Liga zum Schutz der Vögel dies liest, dann könnte es mich vielleicht darüber aufklären).

Das Bereiten all dieser Festmahle braucht, wie Sie sich denken können, einige Zeit, aber dies ist nicht der Zweck meines frühen Erwachens. Ich habe mir zum Ziel gesetzt, jeden Morgen früh aufzustehen, kurz vor Sonnenaufgang, wenn das Mysterium am intensivsten ist. So können die folgenden Stunden so richtig in Schwung kommen, erfüllt von diesen so besonderen Energien.

Doch heute Morgen, weit vor dem klaren Licht der Sonne, war es der Mond, der voll und rund am Himmel schimmerte. Von seltsamer Blässe, undurchdringlich, ohne sich ganz zu zeigen, scheint er ein Geheimnis für sich behalten zu wollen. Der Mond und ich, wir sehen uns im Allgemeinen nur flüchtig von Weitem. Oder eher auf diese Weise: Mit den Füßen auf dem Boden, dort unten, ganz klein, hebe ich von Zeit zu Zeit die Nase zu ihm auf und verharre verwirrt vor seiner Präsenz. Ich finde ihn schön, aber ein wenig kalt und distanziert … Wozu dient der Mond?

Heute Morgen gegen fünf Uhr, mitten im Winter, bin ich auf die von einem durchscheinenden Weiß eingehüllten Weiden hinausgegangen. Das Mondlicht ließ den Reif auf den Grashalmen glitzern. Ein Nachtvogel stieß einen Schrei aus, einen einzigen. Und dann war ich wie vom Donner gerührt. Einige Dutzend Meter entfernt überquerte ein majestätischer Hirsch die Wiese. Sein – schweres – Geweih schien den Raum zu zerteilen und sein wogender Körper spielte mit der Gravitation. Ohne es zu wissen, tanzte er die gelungenste aller Choreografien: eine, die mit ihrer eigenen Zerbrechlichkeit spielte, um die Pracht des Tieres zu offenbaren.

Die Szene war schnell vergangen und der Startänzer in den Kulissen verschwunden, wobei er eine dumpfe Nostalgie hinterließ. Wir hatten die Gnade berührt, und dann blieben wir wieder allein zurück. Erscheinen, verschwinden. Wäre es besser gewesen, nichts davon zu erfahren? Nicht zu wissen, dass es die Pracht gibt und unwissend weiter neben der Gnade herzuleben …?

Symbole und Botschaften

… doch die Geschichte hatte es anders beschlossen, und das wundervolle Bild blieb mir wie eingraviert vor Augen und färbte den Rest des Tages wie ein zauberhafter Kamerafilter ein. Wie so viele Menschen liebe ich Symbole ebenso wie Begegnungen. Und mein Unbewusstes begann an jenem Tag früh, Bezüge herzustellen, Gedanken zu assoziieren und die verschiedenen Erfahrungen miteinander zu verknüpfen. Der Anlass war einfach zu schön!

Ein Hirsch am frühen Morgen. Das Aufbrechen eines verschütteten Wissens, das aus dem Herzen des Waldes kam; aus der wilden und primitiven Natur hervorquoll. Mehrere Stunden lang fuhr ich meine Antennen aus. Und allmählich wurde die Botschaft deutlicher. Der Hirsch hatte mir einen Weg aufgezeigt und ihn beschrieben: den einer Suche zwischen Kraft und Zerbrechlichkeit. Wenn er, der prachtvolle Hirsch, ihn mit einer solchen Anmut und Natürlichkeit verkörpern konnte, galt es bestimmt, eine Unterweisung darin zu finden.

So bin ich denn mit Zuversicht zur Quelle der zurückgehaltenen Gefühle zurückgekehrt. Sein majestätisches Beispiel war mein Reisebegleiter. Nach der Begegnung gab mir mein Unterbewusstsein noch stundenlang

Hinweise. Ich lauschte aufmerksam, ohne etwas zu erwarten oder vorwegzunehmen. Und wie Sie sich vorstellen können, war ich nach diesem unglaublichen Anblick am frühen Morgen ziemlich aufnahmebereit! Bereit, dort, gleich über dem Kopf, zu beben, und vor allem bereit, ausnahmsweise an Magie zu glauben. Und so habe ich denn gesehen, gehört und gespürt: ziemlich intensive Erinnerungen, Satzfetzen und Emotionen. Einen ganzen Armvoll wilder Blumen, Insekten und Schwingungen.

Dies blieb davon übrig, wie ein Mantra unter dem Mond: »Wie schön es ist, zerbrechlich zu sein!«

Wie gut es ist, gleichzeitig der springende Hirsch und dieses riesige Geweih zu sein.

Wie gut es ist, zu sehen, dass alle Menschen ihre Fehler haben und lernen müssen, damit umzugehen.

Jeder kann dies zu gegebener Zeit realisieren. Es gibt andere Begegnungen im Alltag, die solche Erfahrungen möglich machen. Vorausgesetzt, dass man sie sieht, und sie aufnimmt, wie es sich gehört. Bei genauerer Betrachtung ist das Einverständnis mit der Zerbrechlichkeit der Keim für viele andere Erfahrungen. Um Ihnen Lust darauf zu machen, mehr darüber zu erfahren (und Sie zu bezaubern) habe ich die »Premium-Version«, die »Business-Class«-Geschichte erzählt! Wie bei einem Trailer, der die besten Momente eines Films zusammenfasst … Und natürlich auch die fotogensten. Doch zahlreiche andere magische Momente lauern in unserem Alltag, hier oder dort, bereit, uns zu lehren und unsere Seele zu entzücken.

Da ist diese schon etwas ältere Blume, die ihr Köpfchen schon fast bis zum Vasenrand hängen lässt, das

Gewicht der Stunden allmählich in ihren Körper eindringen lässt. Während sie immer schwächer wird, verströmt sie nicht minder einen immer intensiver und berauschender werdenden Duft. Bis zum Ende strahlend.

Da ist diese Katze, die in ihrer ganzen Länge auf einer Decke ausgestreckt ist, ihrem Schlaf in einer noblen Unbewusstheit hingegeben. Die Katze in ihrer ganzen Schönheit: elegant, reinrassig, stolz ... im Schlaf ein kleines bisschen ihrer rosigen Zunge heraushängen lassend.

Da ist dieser Mann in den Fünfzigern. Gut aussehend, stark, im zweireihigen Anzug. Er leitet ein großes Unternehmen und das Schicksal vieler Menschen liegt in seiner Hand. Er ist ernsthaft, engagiert und konzentriert. Und plötzlich lächelt er und sein Kindergesicht erscheint. Ein naives Lächeln im Gesicht eines Mannes. Er weiß nichts davon. Glücklicherweise. Aber dieses Lächeln hat alles enthüllt, und aus dieser Enthüllung entsteht ein Charisma.

Da ist diese Frau, die das Lebensboot mit voller Kraft steuert: Familie, Beruf, Sport, Urlaub. Alles ist genauestens organisiert und eingeteilt, damit es sich in einen Gesamtplan einfügt. Das ist ohne Zweifel sehr anstrengend, aber das Leben zu meistern verlangt dies nun einmal. Die Anspannung hat allmählich Spuren in ihrem Gesicht hinterlassen: bis zum Ende konzentriert, bis ins kleinste Detail. Und in den Armen dieses Mannes, öffnet sich an jenem Tag ihr Gesicht. Zuerst scheinen die Augen, weit aufgerissen, eine andere, weitere Welt zu entdecken. Und dann ist schließlich der Kiefer entspannt und lässt einen Seufzer hindurch. Einen Atemzug, einen einzigen, ein Hingeben … und dann eine Rückkehr zum Leben.

Im Lichte der Spiritualität

Was sagt denn nun die Spiritualität zu alledem?

Dass allem sein Maß an Nichterfüllung oder Zerbrechlichkeit innewohnt. Schattenbereiche, Schwachstellen, die es ebenso zu erforschen gilt wie die Schätze. Wieder einmal lädt uns der Buddhismus ein, in Harmonie mit dem, was ist, zu sein, in Einverständnis – und nicht mit einem weit entfernten Ideal.

Genau das ist dieser berühmte gegenwärtige Augenblick, dem man so oft in den Büchern begegnet. *Carpe diem*. Um den gegenwärtigen Augenblick wirklich auskosten zu können, ist es nötig, ihn vollkommen anzunehmen. Man kann sich im Allgemeinen gut vorstellen, ihn an einem Strand mit feinem Sand, unter warmer Sonne und mit einem Mojito in der Hand zu leben. Aber den gegenwärtigen Augenblick zu leben, während man sich – zum Beispiel – einer egoistischen Verhaltensweise bewusst ist (oder vielmehr eines nicht gestillten Bedürfnisses), ist von einem anderen Kaliber! Das erfordert erheblich mehr Mut und vor allem eine Gebrauchsanleitung. Hier ist sie.

Ein Ritual der Versöhnung

Der heutige Tag wird nicht sein wie andere. Sie werden Ihre Aufmerksamkeit auf die Zerbrechlichkeit richten können. Normalerweise vermeidet unser Gehirn sorgsam diese Art von Botschaften oder Erfahrungen. Dieses Mal, an diesem Tag, »der nicht ist wie die anderen«, werden Sie den Schwachstellen auflauern.

Um langsam dorthin zu gelangen, können Sie bereits bei Pflanzen, Steinen oder Objekten die Kraft und Zerbrechlichkeit beobachten. Etwas Rost am Fahrrad, ein Ziehfaden an der Luxusstola, eine Falte im Stoff. Lenken Sie Ihren Blick. Viele Maler haben uns ein der geheimnisvollen Mona Lisa (die in ihr unmögliches Lächeln verstrickt ist) vergleichbares Beispiel gegeben. Wenn Leonardo einen Film gedreht hätte, hätte er bestimmt das Schicksal dieser in jeder Hinsicht wohlgeratenen Frau dargestellt – gut erzogen, gut frisiert, gut gekleidet … und Gefangene all diesen Anstands. Auf der Leinwand seit Jahrhunderten festgehalten, zeigt die Mona Lisa die Essenz des Geheimnisses ihres zurückgehaltenen Lächelns und ihrer unmöglichen Kapriolen. Und Ihre Mona Lisa? Wo ist sie?

Vielleicht können Sie Spuren davon auch bei Ihrem Kollegen im Büro, Ihrem Partner/Ihrer Partnerin und so weiter entdecken. Überall, wo die Maske für einige Sekunden fällt, tritt das Leben wieder auf den Plan …

Wie man übt

… und all dies zu beobachten, wird Ihr Ritual dieses Tages sein. Wenn Sie damit einverstanden sind. Lauern Sie der Zerbrechlichkeit der Welt auf. Für den Anfang: Ihrer direkten Außenwelt.

Dann, ganz allmählich, mit leichten Tupfen wie die Pointillisten unter den spätimpressionistischen Malern, versuchen Sie, Ihre eigenen Schwachstellen zu finden: Wo spüren Sie sie in Ihrem Körper? In welchen Momenten treten sie zutage? Alle haben ähnliche, die mehr oder minder versteckt sind. Die sozialen Netzwerke sind hierfür ein wunderbares Vergrößerungsglas.

Diese Bereiche, diese Geheimnisse und diese Emotionen sind Ihre Gedichte. Sie zu vertreiben liefe darauf hinaus, Ihr Leben seiner tiefgründigen Schönheit zu berauben. Der erste Schritt ist also: annehmen, akzeptieren. Das »Unzulängliche« umarmen, auch wenn man das bei Ihnen niemals getan hat; selbst wenn *Sie* es niemals getan haben. Vielleicht stellen Sie sich vor, in diesen Bereich Ihres Körpers, wo Sie die Emotion fühlen, etwas Sanftheit einfließen zu lassen: ein Bild wie ein weicher Wattebausch; ein Satz, der lautet »Es ist gut so, das ist in Ordnung, ich bin da«; ein Gefühl von Wärme. Stellen Sie sich beschützende Arme vor, die Sie umfangen, eine wohlige Wärme, eine Schulter, auf die

Sie Ihren Kopf legen können. Stellen Sie sich ein kleines kuscheliges Nest vor, das Ihre Zerbrechlichkeit umfängt, eine Polardecke, ein Gewiegtwerden. Stellen Sie sich etwas vor, das Sie tröstet und Sie freundlich aufnimmt.

Und lernen Sie nach und nach, mit dem, was ist, in Frieden zu sein, als wären Sie damit versöhnt.

Wirkungen

Diese Beobachtung wird sicherlich zwei Dinge hervorheben:

- Zerbrechlichkeit findet sich überall, in allen Dingen, bei allen Menschen; was immer man auch tun mag, um sie zu verbergen. Die Menschen, die nach außen hin besonders stark zu sein scheinen, sind oft jene, die sie am meisten zu vermeiden versuchen.
- Die Zerbrechlichkeit schafft eine Art Seelenkollektiv, den Familienverband, welchem Sie angehören. Indem Sie sie akzeptieren, können Sie in der Annäherung an Ihre Mitmenschen zu einer Form der Erleichterung finden. Außerdem werden Sie große Toleranz in Hinsicht auf Ihre eigenen »Unvollkommenheiten« und die der anderen entwickeln, weil Sie begreifen, dass sie vorübergehend sind.

Mein Rat

Führen Sie dieses Ritual jeden Tag ein wenig in kleinen Schritten und mehreren Versuchen aus … Wenn Sie das Ziel der »Versöhnung« im Sinn behalten, wird Ihr Unterbewusstsein früher oder später von allein in diese Richtung steuern. Gehen Sie ruhig und sanft, aber mit Gewissheit vor, und der Hirsch wird kraftvoll über die Hecken springen können.

Kapitel 8

Das Heilige in den Alltag einbringen oder die pascalsche Wette neu interpretiert

Stellen Sie sich vor: Sie sind zu Hause. Sie stehen morgens auf. Sie schalten das Licht ein und entdecken, überall in Ihrem Heim verteilt, greifbare Zeichen einer anderen Dimension … Das hat nichts mit *Matrix* oder den kleinen grünen Männchen zu tun. Die Öffnung, um die es geht, ist viel subtiler. Sie trägt den zarten Namen von Magie, von Mysterium, von Wiederverbindung oder all die Wörter mit einem metaphysischen Beiklang, die manchmal gebraucht werden.

Existiert Gott? Leben wir in diesem Augenblick mehrere andere Leben in Paralleluniversen (wie es eine Quantentheorie nahelegt)? Was liegt da gleich hinter den Sternen? Sehen die Toten, die wir geliebt haben, in diesem Augenblick unserem Leben wohlwollend zu? Lauter Fragen, die unsere Lebensweise transformieren können. Wenn diese Vorstellungen im Filigran der Stunden präsent sind, sind unsere Aktivitäten tatsächlich von einer anderen Atmosphäre durchdrungen. Wenn es einmal »ein wenig mehr« gibt, wenn die Pforten des Himmels (oder der Erde) sich zu öffnen beginnen, fängt das Leben an zu prickeln. Anders ausgedrückt: Meiner bescheidenen Meinung nach wäre das Leben ohne die mystische Dimension schal wie ein Sprizz mit stillem Wasser.

Vor einigen Jahrhunderten hat der Philosoph Blaise Pascal den Vernünftigsten seiner Zeitgenossen – denen, die in der Lage waren, einen Satz auszusprechen wie »Das Leben? Das Leben ist das, was man sieht, und basta« – die folgende Wette als Argument für den Glauben an Gott vorgeschlagen: Es ist besser, an Gott zu glauben – nur für alle Fälle, damit man nicht wie ein vulgärer Ungläubiger in der Hölle landet. Denn sollte Gott zufällig nicht existieren, dann wäre die einzige Konsequenz für die Wettenden, dass sie sich geirrt haben. Wenn Er jedoch existierte, bliebe dem besagten Ungläubigen nur noch, seine Knochen zu zählen. Das Ziel dieser Wette: zu verhindern, dass die Höllenflammen unseren Hintern lecken.

Im einundzwanzigsten Jahrhundert, mit dem Niedergang der alten religiösen Dogmen (Paradies versus Hölle) und der Allmacht der Wissenschaft, müsste man die Wette – meine ich – etwas umformulieren.

Es ist nämlich wirklich schwer, sich die Existenz einer von kleinen Teufelchen bestückten Hölle vorzustellen, die uns lachend in unseren Allerwertesten piksen. Auch wenn diese Szenerie Alice Cooper und Konsorten glücklich gemacht hat, ist sie doch aus der Vorstellungswelt der meisten von uns verschwunden. Aus diesem Grund brauchen wir eine andere Tür, um dem Eintritt des Heiligen in unseren Alltag Vorschub zu leisten. Was mich angeht, und ohne Sie beeinflussen zu wollen (natürlich schon ein bisschen, hihi!), finde ich ein Leben, das mit dem immensen Himmel, dem Universum und mit dem Mysterium der dunklen Materie verbunden ist, viel interessanter. Wir sind da, in unserer Küche, aber das Wunderbare kann in jedem Augenblick auftauchen. Welch ein Abenteuer!

Meine Wette lautet daher folgendermaßen: Und wenn es etwas gäbe anstelle von nichts? Und wenn das

Unerhörte in unserem Leben auf der Lauer läge, bereit sich durch den kleinsten Spalt hindurch einzumischen?

Wenn diese Aussage wahr wäre, könnte sie unsere Tage erleuchten wie ein Sonnenstrahl, der durch die Wolken bricht. Beachten Sie, dass ich mich hüte, dieses betreffende »Etwas« genauer zu definieren, und Ihrer Vorstellungskraft freien Lauf lasse. Ich habe zu diesem Thema Ideen, Empfindungen und Intuitionen, möchte Sie aber in diesen wenigen Zeilen nicht zum Gefangenen meiner Überzeugungen machen. Sie haben sicherlich selbst ganz wunderbare. Manche sehen Feen, die in die Aura der Bäume eingekuschelt sind, andere hören Führer Omen aussprechen, wieder andere spüren, wie ihr Herz vibriert, wenn sie eine Moschee betreten, andere kennen dank der Sterne die Ausrichtung ihres Lebens … Es liegt bei Ihnen. *It's up to you* … Von dem Augenblick an, da dieses Etwas Sie erbeben lässt.

Wenn es jedoch nichts gegeben haben sollte – das ist der weitere Teil der Wette –, hat das keine großen Konsequenzen. Das ist nicht weiter schlimm. Sie hätten sich lediglich geirrt. Sie würden, nachdem Sie gestorben sind, nur in Ihrem Sarg ruhen und darauf warten, andere Organismen zu nähren. Doch vorher hätten sie wie ein Spielmann aus vergangenen Zeiten Ihre Stunden mit der Verherrlichung des Unendlichen, der grenzenlosen Liebe und unergründlichen Mysterien erfüllen können. Das hätte sich doch gelohnt, oder?

Ich möchte im Übrigen klarstellen, dass meine Wette von ganz bescheidener Art ist. Es liegt mir fern, mich auch nur im Geringsten mit Pascal zu vergleichen, von dem ich, offen gestanden, nicht gerade viel weiß. Und (da wir es gerade mit Zwischenbemerkungen haben) noch Folgendes: Ich habe mich vor einiger Zeit entschlossen, mit der Jagd nach Wissen aufzuhören. Diese Vorstellung, nach der wir ein universelles Wissen in vielen Bereichen, die Philosophie eingeschlossen, besitzen sollten, um nicht zu riskieren, uns den freundlichen Ruf einer Betrügerin einzufangen: »Sie will Zen lehren und hat noch nicht einmal das *prajñâpâramitâ* gelesen!« Anstatt die fünfzig (ja genau!) Bände dieses Sutra zu verschlingen, bin ich lieber je nach Umständen und Bedürfnissen durch die Texte spaziert. Die übrige Zeit kontempliere ich mit vor Staunen offenem Mund das Wachsen der Blumen und diese hundertjährigen Bäume, die bald gefällt werden, damit unsere Tonnen von Wissen gedruckt werden können (darunter dieses Buch; nutzen Sie es also gut).

Den Sinn und die Essenz des Heiligen im Dasein wiederfinden

Um sich der Dimension des Heiligen im Leben öffnen zu können, seien Sie gewiss, brauchen Sie nicht an jemanden oder an etwas zu glauben. Wenn das der Fall ist, umso besser. Und wenn nichts erscheint, umso besser. Es handelt sich lediglich darum, sich die Möglichkeit eines Anderswo, einer mysteriösen Raum-Zeit-Dimension offenzulassen; in einem Winkel unseres Kopfes die Idee zu bewahren, dass das Leben ohne Zweifel viel mehr ist, als es uns zeigt … Wobei wir uns hüten, ein geistiges Konzept des Unendlichen zu schaffen, das notwendigerweise das, was uns hier interessiert, einschränken würde.

Die Wissenschaft schlägt sich noch mit einer Menge von Fragen herum. Der Ursprung des Universums, die Herkunft des Bewusstseins, das Leben nach dem Tod sind entschieden jungfräuliche Bereiche, die sich einer konventionellen Erforschung widersetzen. Welch ein Glück! Das eröffnet unserem Leben ein unendliches Feld der Möglichkeiten.

Es hat keinen Zweck, hier Antworten zu den obigen Fragen oder Hypothesen zu präsentieren. Der Zauber des Mysteriums besteht genau darin, es so zu lassen, wie es ist: unergründlich und unergründet … zumindest für unsere gewöhnlichen Sinne.

Das Vibrieren, das jeden Frühling entsteht, wenn die ersten Osterglocken zu sprießen beginnen, enthält eine heilige Dimension. (Zu dieser Feier lade ich Sie ein, auf Zehenspitzen.) Und um den anbrechenden Tag zu ehren, um die Vorstellung des Mysteriums von Leben und Tod im Gedächtnis zu halten, haben zahlreiche spirituelle Traditionen Rituale eingerichtet. Das währt seit dem Anfang aller Zeit, seit den ersten Spuren der Zivilisation. Damals hing das Leben an einem seidenen Faden. Unsere Ahnen waren völlig vom Rhythmus der Jahreszeiten und von den Planetenbewegungen abhängig. Und so haben sie angesichts des Unbekannten Gebete, Anrufungen und Psalmodien intoniert. Heutzutage ist das Beten nicht gerade modern. In gewissen Kreisen klingt dieses Wort aus den bekannten historischen Gründen gar wie ein Archaismus, wenn nicht gar wie ein Obskurantismus.

Einige Religionen neigten früher tatsächlich dazu, ihren Anhängern die Eigenverantwortung abzunehmen und »schlüsselfertige« Dogmen und »Gedanken von der Stange« bereitzustellen. Aber es gab auch immer aufrichtig Praktizierende, die sich in die Stille der Klöster zurückzogen. Diese Mönche und Nonnen, ob sie nun Mystiker waren oder nicht, weihten ihre Tage dem Beten, dem Darbringen von Opfergaben und dem Knüpfen einer Verbindung mit dem Mysterium. Ich könnte Ihnen stundenlang davon erzählen, aber die Zeit verstreicht, und die Katzen fangen an, sich über mein schon allzu langes Verweilen an diesem Computer zu beschweren. Also hier das Ritual!

Ritual: Ein Hausaltar

Es gibt einen sehr alten Brauch, der dazu angetan ist, Samen der Spiritualität in Ihrem Heim zu säen: nämlich einen Altar einzurichten. Darauf werden Sie nicht, wie es zum Beispiel die Inkas taten, Menschenopfer darbringen (das ist heutzutage vom Strafgesetzbuch strikt verboten), noch eine Feuer-Pûjâ auf hinduistische Art veranstalten (in der Befürchtung, den Rauchmelder auszulösen). Nein, Sie können vielmehr einige Opfergaben, die ich Ihnen im Folgenden beschreiben werde, darbringen.

Wie richtet man einen Altar ein?

Ein Symbol

Stellen oder legen Sie zuerst etwas auf den Altar, das für Sie die Spiritualität, die Weltenseele oder die Schönheit des Alltags repräsentiert. Das kann natürlich ein Buddha sein – einer der friedvollsten Anblicke –, aber es muss nicht unbedingt ein solcher sein. Sie können das Bild eines inspirierenden Menschen, ein Foto einer besonderen Landschaft, ein symbolisches Objekt oder ein Erinnerungsstück wählen, das für Sie jene Grenzenlosigkeit repräsentiert, mit der Sie sich stärker verbinden möchten.

Während der traditionellen buddhistischen Zeremonien zur Aktivierung der Buddha-Figur für einen Altar führt der Meister »die Öffnung des Auges« durch. Mittels eines Kalligrafiepinsels und indem er einige magische Formeln rezitiert, verleiht er einem schlichten Gegenstand eine heilige Qualität. Der Buddha ist von diesem Moment an symbolisch mit der Macht der tiefen Schau begabt. Der Schlüssel zu dieser Zeremonie liegt in der Absicht.

Bevor Sie also Ihre Figur oder Ihr Objekt auswählen, nehmen Sie sich einen Moment Zeit, um über Ihre Absicht nachzusinnen. Welchen Aspekt des Spirituellen oder des Mysteriums möchten Sie in Ihr Leben einladen? Was fehlt Ihnen heute? Was brauchen Sie, damit das Universum mit Ihnen mitschwingt und weiter wird?

Ein Licht

Zu dem Altar gehört auch eine Kerze. Es gibt alle möglichen Arten von Kerzen. Die Sorgfalt, mit der Sie sie aussuchen, ist an sich bereits ein Ritual. Sie können diese Kerze in bestimmten Momenten anzünden, etwa wenn Sie abends von der Arbeit nach Hause kommen, um den Tag gebührend abzuschließen, oder während Ihrer täglichen Meditationen (siehe Kapitel 2). Oder aber zu gewissen Augenblicken, wenn Sie das Ritual des Stopp praktizieren (siehe Kapitel 5).

Ein Wasseropfer

Im Allgemeinen wird auch ein kleines Gefäß mit frischem Wasser aufgestellt. Es wird jeden Tag gewechselt und symbolisiert die Erneuerung, das Zirkulieren, die Neuheit. Ich empfehle Ihnen, dieses Wasser jeden Morgen zu wechseln, um Ihren Tag »wie ein Lotos in reinem Wasser« zu beginnen!

Es gab eine Woche, in der es meine Aufgabe war, das Wasser auf den Altären des Klosters Ryumonji zu wechseln. Und zwar sehr früh am Morgen. Als ich einmal in den Zeremoniensaal eintrat, erblickte ich auf dem großen Altar eine kleine dunkle Gestalt mit gesenktem Kopf. Meister Yoda (ein Kater, der in einem früheren Leben Mönch gewesen sein muss) war dabei, ganz gelassen das dem Buddha geweihte Wasser zu schlecken! Als er damit fertig war, sprang er wieder herunter und streckte sich ausgiebig, bevor er sich auf einen Meditationsteppich legte (sich darauf ausbreiten wäre das passendere Wort).

Auf diese Weise begegnen sich Universen, jedes mit seinen Prioritäten, seinen Bedürfnissen und seinen Bestrebungen. Wasser zu opfern erlaubt es uns, uns mit der Quelle, mit der Natur, mit einem der vier Elemente, die unser Leben möglich machen, zu verbinden.

Kleingebäck oder Früchte

Es schien so, als würden die Buddhas nachts ebenfalls von den Opfergaben kosten. Ich habe das niemals erlebt, aber ich habe häufig kleine menschliche Buddhas gesehen, die sich an den Gaben gütlich taten, sobald diese vom Altar entfernt wurden.

Wenn Sie köstliches Kleingebäck auf Ihren Altar legen, werden Sie unweigerlich gute Laune bekommen (bestimmt bei dem Gedanken, es später verspeisen zu können!).

Ein Räuchergefäß

Im Zen stellen wir ein kleines, mit Asche oder Sand gefülltes Gefäß für das Verbrennen von Räucherwerk auf. Darin kann das Räucherstäbchen senkrecht stehen. Der Inhalt des Gefäßes wird regelmäßig durchgesiebt und die Asche vermischt und erneuert sich so ebenfalls … alles ist ein Symbol!

Blumen oder eine Topfpflanze

Den letzten Bestandteil Ihres Altars bildet schließlich ein Blumenstrauß. Sie können frische Blumen, Topfblumen oder eine Grünpflanze nehmen. Dies ist eine Verbindung mit dem Leben und mit der Natur, ein Eindringen in die Schönheit der Welt, die Sie jeden Tag kontemplieren können.

Der Altar als spirituelle Verankerung

Dieser Altar wird ein wunderbares Schmuckelement in Ihrer Wohnung sein. Finden Sie einen guten Platz dafür. Gut genug sichtbar, damit Ihre Augen oft auf ihm verweilen. Jedes Mal, wenn dies der Fall ist, wird Ihr Altar zu einer spirituellen Verankerung, einem Zeichen des Unbekannten in unserem oft so materialistischen Leben.

Falls Sie sich für den Sinn des Lebens interessieren, wird sich diese Frage dadurch prägnanter, wichtiger stellen, und Sie treten in Aktion, um sie an der Oberfläche zu halten.

Und zudem können zahlreiche weitere Vorteile allmählich in Erscheinung treten: größere Dankbarkeit, mehr Frieden, größere innere Ruhe … Das Unvorhergesehene nicht mitgerechnet, das ich Sie selbst entdecken lasse.

Frohes Erkunden!

Kapitel 9

Me, myself und mein Telefon: Wie kann man seine Freiheit wiederfinden?

»Life is what happens to you while you're busy making other plans.«
John Lennon

Ach wie ist es schnuckelig, mein Telefon! Es ist handlich, glänzt, macht Fotos und blinkt regelmäßig, um mich an seine Existenz zu erinnern. Es ist voll süß! In den Neunzigerjahren hatten die Japaner die Tamagotchi erfunden, erinnern Sie sich? Eine Art kleine elektronische Eier in knalligen Farben – die Haustiere darstellen konnten –, um die wir uns kümmern sollten: sie füttern, waschen, schlafen legen, und das alles virtuell. Wenn man sein Tamagotchi vergaß oder kein Interesse mehr daran hatte, siechte es dahin und starb schließlich (Schluchz!).

Es war sozusagen der Ahne des Smartphones. Verpflanzt in meine Hand, ist mein Telefon zum Meister in der Kunst des Quengelns geworden, um meine Aufmerksamkeit zu erregen: Benachrichtigungs-Klingeltöne – einer für jede App – und Vibrationen, die je nach Dringlichkeit variieren, Botschaften, die alle fünf Minuten erscheinen und sich dort aufbauen: »He, Hallo, ich bin da! Du hast eine Nachricht« – bis ich sie lösche/lese/zunichtemache. Ein echtes Baby! Eine Ausdehnung meiner selbst mit seinem eigenen Leben und Verhaltenskodex.

Das kleine Monster tut seine Gegenwart heimtückischerweise über verschiedene Sinneskanäle kund: das Hören (Klingeltöne), das Sehen (knallrote Icons, um sich bemerkbar zu machen) oder auch den Tastsinn (Vibration). Ich bin mir sicher, dass die Forscher bereits nach Möglichkeiten für Geruchsbotschaften suchen, die unsere Aufmerksamkeit auf sich ziehen können. Stellen Sie sich das einmal vor: Der Duft von einem heißen Croissant begleitet die Anzeige einer bestimmten Bäckerei auf der Website der Gelben Seiten. Da der Geruch der primitivste und der am direktesten mit den Gefühlen verbundene Sinn ist – das ist erwiesen –, müssten wir unseren pazifistischen Widerstand gegen den Konsum beträchtlich verbessern. Werte Freunde, die Lage ist ernst! Und daher müssen wir die Schlacht als Ritter der modernen Zeit angehen!

Wir leben nämlich in einer ganz besonderen Periode der menschlichen Evolution. Das Internet ist vor bald dreißig Jahren (1993) erschienen, die Smartphones vor gut zehn Jahren (2007) und Facebook 2006. Das ist alles ziemlich neu. Dennoch haben diese verschiedenen Werkzeuge unser Verhalten und unsere Gewohnheiten in einem ungeheuren Tempo verändert. Ich bin keine Wissenschaftshistorikerin, aber es kommt mir so vor, als sei dieses Auftreten mit dem der »Fée électrique« im neunzehnten Jahrhundert vergleichbar. Wir haben also neue digitale Werkzeuge bekommen; manche von uns – die Allerjüngsten – wurden geradezu damit geboren … ohne dass sie eine echte Gebrauchsanleitung oder Warnhinweise, was den Umgang damit angeht, mitgeliefert bekamen! Das ist ein bisschen so wie diese barbarische Methode, ein Kind mit dem Wasser vertraut zu machen, indem man es in ein Schwimmbecken wirft. Wer da nicht baldigst Schwimmen lernt, läuft Gefahr, eine Menge Wasser zu schlucken.

Bedauerlicherweise haben viele von uns hinsichtlich ihres Telefons den Kopf schon unter Wasser. Immer mit dem Gerät in Reichweite, neigen wir dazu, bei der Kleinsten seiner Verlockungen zu reagieren. Es klingelt, ich schaue nach, und schon bin ich von der gerade anstehenden Aufgabe abgelenkt. Zu ihr zurückzukehren wird beträchtliche Mühe kosten – und vorausgesetzt die eingetroffene Nachricht ist reizvoll (Kommentar Facebook, neue E-Mail, Instagram-Foto eines ziemlich süßen Freundes …), besteht große Gefahr, dass ich nicht mehr zu meiner Aufgabe zurückkehre oder aber nur unter langem Seufzen … Pfff …

Denn dieses kleine Ding ist clever. Geschickt nutzt es zwei Eigentümlichkeiten meiner Gehirnfunktionen aus:

- Mein Gehirn liebt das, was neu ist. Jede eintreffende Nachricht ist wie eine Leckerei, die sofort konsumiert werden muss.
- Mein Gehirn liiiiebt Belohnungen. Die Nachrichten, Fotos, Audiodateien meiner Freunde sind oftmals so etwas wie Weihnachtsgeschenke!

Aber dieses wunderbare Spielzeug birgt eine hohe Dosis an Gift, und das ist Ihnen sicher bereits aufgefallen. Es ist ein unvergleichlicher Hypnotiseur, und die Zeit, die dem »echten Leben« gewidmet ist, nimmt ab wie die Lebenszeit der Titelfigur von Balzacs Roman »Die tödlichen Wünsche«.

Aber seien Sie versichert, wir werden unter dem Vorwand der Sorge um die mentale und spirituelle Gesundheit der Menschheit keine technologische Regression predigen. Nicht weil es uns an Lust dazu mangelte – ach, diese gesegneten Momente, da wir alle zusammen Mozart-Schallplatten gehört haben –, sondern weil die Praxis des »gegenwärtigen Augenblicks« uns immer gelehrt hat, lieber *mit* den Dingen als *gegen* sie zu arbeiten.

Im Rahmen einer Promotion-Tour für mein erstes Buch nach Spanien tauchte das Thema des Handys immer wieder auf. Wie kann man sich davon lösen, wie aufhören, hektisch alle fünf Minuten darauf zu schauen, und wie findet man den Mut, es auszuschalten? Offen gestanden glaube ich, dass dieses Thema allein ein ganzes Buch verdiente, doch ich werde mich heute darauf beschränken, Ihnen einige Vorschläge zu machen. Ein oder zwei sorgfältig ausprobierte Übungen, die Ihnen helfen, es regelmäßig mit Erfolg »loszulassen«, »ins Hier und Jetzt zurückzukehren« und sich wieder des Ortes, an dem Sie sich gerade befinden, bewusst zu werden.

(Wo befinden Sie sich übrigens gerade jetzt? Wo lesen Sie dieses Buch? Ist Ihnen der Kontakt Ihres Körpers mit dem Untergrund bewusst? Die Geräuschumgebung um Sie herum? Der Augenblick, der sich bis in die Ewigkeit ausdehnen kann?)

Die digitalen Rituale

Lernen, sich »gut« zu vernetzen

Der Untertitel ist ein Paradox, nicht wahr? Das ist Absicht! Das quasi überall empfohlene Ritual ist das des Ausschaltens; von den Medien heute auch gern »digitale Entgiftung« genannt. Doch das ist in gewisser Weise etwas zu einfach! Ja: Wenn man sein Telefon ausschaltet, ist man wieder frei. Leicht gesagt … Um etwas tiefer zu gehen, empfehle ich Ihnen stattdessen, zur Quelle zurückzukehren; von diesem Gefühl auszugehen, das uns zu der permanenten Ablenkung verführt. Um die Schlüsselfrage zu stellen: Was tun – wenn das Handy einmal ausgeschaltet ist –, um diesen Mangel, dieses Gefühl von Unbehagen, das gleich danach auftritt, zu bezwingen?

Wie man übt

Das Ritual wird also den Titel »Lernen, sich wieder zu verbinden« haben. Nicht mehr mit dem Telefon, dem Tablet oder dem Computer – sondern mit sich selbst! Hier nun einige Schritte, die in dieser Ordnung oder auch in der Unordnung zu tun sind:

- Setzen Sie sich einige Augenblicke hin. Die digitalen Werkzeuge sind vollkommen ausgeschaltet. Sie sind »bei sich selbst«.
- Was empfinden Sie? Aber vor allem: Wo ist diese Empfindung? In welchem Teil des Körpers?

Dieser Punkt ist essenziell. Im Allgemeinen spürt man eine Emotion (zum Beispiel einen Mangel, ein Unbehagen oder eine Leere) im Körper, und dann setzt sich das Gehirn in Bewegung, um eine Lösung zu finden. Häufig läuft dies vollkommen automatisch ab. Das zeigt beispielsweise folgende Abfolge: Empfindung von Leere auf der Höhe des Solarplexus + innerer Kommentar: »Oh, ich fühle mich nicht gut … Was kann ich bloß dagegen tun? Und wenn ich auf Facebook/Twitter/im Internet nachschaue, um dem zu entgehen?« + Handlung.

Auf diese Weise können wir lange Zeiten mit Selbstliebkosung, Verhätschelung und Kompensation verbringen, die wir benutzen, um den unangenehmen Gefühlen zu entkommen. Durch *innere* Freiheit finden wir hingegen die Möglichkeit, zu lernen, in Frieden mit allem zu leben, was sich bietet, sei es angenehm oder unangenehm.

Die Aktivitäten, die ein Mensch dann auswählt, ergeben einen weiteren oder tieferen Sinn als bloße Wellness.

Von der Warte des »Sinns des Lebens« gesehen, erscheint es mir viel spannender zu sein, wenn wir lernen, unsere freie Zeit dafür zu nutzen, uns weiterzuentwickeln und die Welt zu erkunden, als diese Zeit mit Aktivitäten der Kompensation auszufüllen – oder?

Deshalb ist der in allen Weisheitslehren (insbesondere den östlichen) empfohlene Weg der der Versöhnung, der Wiederverbindung mit der Wirklichkeit.

Ist die Emotion oder die Empfindung erst einmal identifiziert, bemühen Sie sich, sie im Körper zu belassen. Es geht weder darum, sie zurückweisen, noch sie zu ermutigen. Einfach nur mit ihr sein. Wie wohlwollende Eltern mit einem kleinen Kind. Als wolle man einen Freund trösten – in der Überzeugung, dass er bereits alle Ressourcen besitzt, um sich selbst davon zu befreien. Das ist der Mittlere Weg, den der Buddha vertreten hat: nicht flüchten, nicht ermutigen, sondern anschauen, empfinden und dem Gefühl erlauben, zu zirkulieren.

Versuchen Sie vor allem, diese Emotion nicht in den Kopf steigen zu lassen, mit Gedanken wie »Oh je! – das schaffe ich niemals« oder »Diese Praktiken sind offensichtlich nichts für mich«. Wenn solche Gedanken auftauchen, lassen Sie sie ebenfalls los, ohne sich für sie zu interessieren, noch zu beginnen, über sie nachzudenken.

Jetzt, in diesem Augenblick, geht es nur um den physischen Körper und die momentane Empfindung.

Wirkung

Der springende Punkt ist folgender: Eine Emotion, die Sie wohlwollend angenommen haben, wird ganz von selbst verschwinden. So, als wäre alles, was sie wollte, gesehen zu werden.

Dosierung

Praktizieren Sie das Ritual der Wiederverbindung anfangs nur für kurze Zeit. Seien Sie drei Minuten lang wirklich bei sich selbst. Und dann, gleich danach: Tun Sie etwas völlig anderes, etwas Angenehmes, das Ihnen wie eine Belohnung vorkommt. Das ist einfacher und macht Ihnen Lust, diese Übung zu wiederholen.

Später am Tag verbinden Sie sich erneut. Vielleicht diesmal etwas länger, vielleicht weniger lang; es kann auf keinen Fall misslingen, denn allein schon die Tatsache, dass Sie dieses Ritual eingerichtet haben, zeigt, welch große Bedeutung Sie diesem Projekt der inneren Evolution geben.

Rituale digitaler Freiheit

Die folgenden Rituale – ich habe wirklich geforscht – finden sich nicht in den originalen buddhistischen Sutras. Doch bereits zu jener Zeit hatte der Buddha einige Regeln oder Empfehlungen für seine Mönche aufgestellt, die dazu dienen sollten, die Praxis der Achtsamkeit zu erleichtern. Zum Beispiel dieser Grundsatz: »Ein Mönch sollte nicht sitzen bleiben, um den vorüberziehenden Elefanten zuzuschauen.« (!) Wir könnten dies leicht so umformulieren, wie es unlängst der Zen-Meister Thich Nhat Hanh vorschlug: »Wir sollten unsere Zeit nicht damit verbringen, stundenlang Serien im Internet anzusehen.« Weise Empfehlung. Aber wie schafft man es, das zu vermeiden?

Einige Praktiken digitalen Überlebens

Hier folgen einige Vorschläge, die Sie nach Belieben anwenden oder lassen können:

- Schalten Sie die Klingeltöne Ihres Handys aus. Ein wenig Stille … etwas Luft … etwas Raum … Sie werden Ihre Nachrichten schon noch bekommen. Unterdessen erlaubt Ihnen das Ausschalten der Töne, längere Zeit auf den gegenwärtigen Augenblick konzentriert zu bleiben und – vielleicht – einige Vögel am Himmel vorbeifliegen zu sehen. Ich habe mir das Ausschalten der Töne zur Gewohnheit gemacht – nachdem ich lange in den Einstellungen suchen musste; man könnte meinen, Letzteres sei eine Prüfung an sich, die von den Entwicklern der Smartphones etwas sadistisch ausgeheckt wurde. Aber dieses Abschalten ist äußerst angenehm. Eine wahre Ode an die wiedergefundene Stille. Welch ein Segen!
- Jedes Mal, wenn Ihr Telefon klingelt, kehren Sie den Reiz um: Denken Sie an Ihre Atmung (zum Beispiel) oder schauen Sie aus dem Fenster. Achten Sie auf alles, nur nicht auf Ihr virtuelles Spielzeug. Halten Sie Ihren Kopf über Wasser, atmen Sie. Und schenken Sie sich von Zeit zu Zeit Perioden des Widerstands: »Nein! Ich werde nicht antworten! Ich bin ein freier Mensch! Es klingelt: Ich atme!« Stellen Sie sich vor, dass Sie sich bei jedem digitalen Reiz wieder Ihres Körpers bewusst werden. Sie machen mit Sicherheit außergewöhnliche

und schnelle Fortschritte! Und Ihr Telefon wird zu einer Art »Glocke der Achtsamkeit« im Dienste Ihrer Entwicklung.

- Lassen Sie das Handy zu Hause, wenn Sie einkaufen gehen, den Hund ausführen oder zum Schwimmen gehen. Die Fortgeschritteneren nehmen es nicht einmal ins Kino, ins Restaurant und so weiter mit. Machen Sie daraus ein freiwilliges, bewusstes und befreiendes Vorgehen. Nutzen Sie die Zeit, um anderes zu tun: die Leute ansehen, den Engeln zulächeln, den Vögeln oder dem Wind in den Bäumen lauschen, die »na ja, und dann« Ihres Gesprächspartners zählen … Und wenn Sie dann nach Hause kommen, erlauben Sie sich, sich wieder darauf zu stürzen.

Meine Empfehlung

Lassen Sie einer etwas schwierigen Übung immer eine Belohnung folgen. Einer Anspannung eine Entspannung. Einer Konzentration ein Loslassen. Einer Anstrengung eine Leckerei. Das macht Ihnen Lust, weiterzumachen und die Rituale vielleicht noch öfter zu üben!

Kapitel 10

Die Magie des Atems

Der Atem. Dieses Wort ist eine wahre Schatztruhe!

In China wird er *qi* genannt, in Japan *ki, pneuma* bei den griechischen Philosophen und *prâna* in Indien. Man findet ihn in allen Texten zur Unterweisung in der Meditation, den geheimen Ritualen des Vajrayana oder den Praktiken langen Lebens. Der Atem … zugleich einfach und sehr geheimnisvoll.

Ohne ihn würden wir nicht existieren. Wenn er unregelmäßig ist – stockend, schnell oder flach –, sind unsere Emotionen darin deutlich spürbar. Wenn wir einen Schnupfen, Asthma oder Lungeninsuffizienz haben, wird uns deutlich, welch unerhörtes Glück es war, vorher eine fließende und harmonische Atmung gehabt zu haben.

Der Atem … Er besitzt auch eine starke hypnotische Kraft. Man braucht nur den Bauch eines schlafenden Kindes zu betrachten, wie er sich in einem regelmäßigen Rhythmus hebt und senkt, um für einige Augenblicke in stiller Verzückung zu verweilen.

Oder diese besondere Atmung der Pferde.

Vor Kurzem, als Efstur, mein Prinz auf vier Beinen, friedlich dabei war, zu grasen, bin ich auf seinen Rücken geklettert. Ich habe mich heimlich, still und leise dort niedergelassen. Es war eine glückliche Fügung, dass er sich vor einen Rundstamm gestellt hatte und es mir daher leichtfiel, das treue Schlachtross zu erklimmen.

Ich erwähne das, weil es nur sehr selten vorkommt. Im Allgemeinen steige ich nicht auf seinen Rücken. Das erscheint mir unpassend. Ich habe dann ein wenig den Eindruck, ihn nicht zu respektieren oder, schlimmer noch, ihn als Reittier *benutzen* zu wollen. Das wäre die Höhe für einen so prächtigen Hengst, der sein Leben dem Schutz der Stuten und Fohlen auf seiner Weide gewidmet hat! Ihn erklimmen? Warum nicht auch gleich Kutschen ziehen lassen?

Aber in jenem Moment veranlasste mich eine Art Intuition, den Prinzen zu erklimmen, der sich nicht rührte. Ich muss dazu sagen, ich habe gelernt, unbemerkt auf seinen Rücken zu gleiten, ohne einen Ruck, quasi inkognito. Und da er mit gutem, sehr frischem und schmackhaftem Gras beschäftigt war, waren ihm meine Sperenzchen vollkommen egal.

Ich habe eine sehr spezielle Beziehung zu Efstur, in etwa so wie die enge Freundschaft von Michel de Montaigne und Étienne de La Boétie: »Weil er er war; weil ich ich war.« Wir schauen uns an, wir beschnuppern uns, wir stupsen mit der Schnute, und die Zeit wird ausgelöscht. Er und ich. Ich und er. Die Welt um uns herum verschwindet und wir sind füreinander da … außer wenn er frisst. Gegen den berauschenden Geruch eines Büschels frischen Grases komme ich nicht an. Das ist eben so. Ich habe die Unmöglichkeit unserer Verschmelzung beweint und dann meinen Frieden damit geschlossen, während ich gleichzeitig die große Freiheit genieße, die daraus erwächst. Wenn er frisst, betrachte ich die Bäume oder klettere ihm heimlich auf den Rücken! Aber kehren wie lieber wieder zu unserem Atem zurück (wenn es um Efstur geht, verliere ich meinen Faden; er hat mich vollkommen betört, verzeihen Sie ...).

Stolz auf meinem makellosen Pferd sitzend, mit bloßen Füßen wie so oft, erforschte ich unterschiedliche Aspekte meiner Tiefensensibilität. Die Tiefensensibilität ist die Fähigkeit, den eigenen Körper, seine Haltung, sein Gleichgewicht von innen her zu spüren. Die Ausrichtung der verschiedenen Strukturen, der Wirbelsäule, des Beckens und so weiter. Das ist äußerst interessant. Vorausgesetzt, man schenkt ihr wirklich Beachtung, kann man sich der Interaktionen zwischen den Körperteilen von Kopf bis Fuß bewusst werden. Wenn beispielsweise das Becken sich bewegt, streckt oder entspannt, so entspannt sich entsprechend der Hals. Wenn der Bauch sich ausdehnt, krümmt sich die Wirbelsäule. Und so weiter. Alles im Körper steht miteinander in Verbindung. Und die sinnliche Erforschung dieser fließenden Bewegungen ist sehr angenehm. Daraus entwickelt sich ein Gefühl vollen Lebens. Nämlich das, sein Haus wirklich von Kopf bis Fuß zu bewohnen.

Während ich also dabei war, all dies zu untersuchen, spürte ich plötzlich Folgendes: *Meine Beine,* die den Brustkorb von Efstur umschlossen, bewegten sich im Rhythmus *seiner Atmung*. Es war eine äußerst angenehme Ausgewogenheit. Ruhig, gesetzt – wie es die Pferde selbst sind, wenn sie sich auf vertrautem Boden befinden. Und außerdem verkörpert Efstur eine totale Präsenz, eine Kraft. Er demonstriert bis in die kleinste Zelle eine bodenständige Stabilität, die sich in diesem Augenblick auf meine Beine übertrug. Wie soll ich es Ihnen sagen? Hätte ich niemals zuvor die Empfindung von »friedvoller Kraft« gehabt, hätte die weit ausholende und gesetzte Atmung meines Kameraden mir den Weg gewiesen.

Wir befanden uns in einer Art Symbiose. Ein Herz und eine Seele. Wie die berühmten Zentauren vielleicht ... Aber sein Kopf ist viel zu schön, als dass man ihn durch meinen ersetzen sollte! Wir bilden eher ein neues, unbekanntes Tier. Unnahbar. Ein Tier, das aus Fell und nackter Haut besteht, die in Harmonie atmen.

Es ist die Magie des Atems, die uns bis hierhergeführt hat. Aber keine Angst, Sie müssen nicht unbedingt ein Pferd haben, um Zugang dazu zu gewinnen. Dieses Wissen findet sich auch in anderen Momenten des Alltags. Es ist ein wahrer Schatz, der uns hilft, uns mit dem gegenwärtigen Augenblick zu verbinden (Zentrierung) und uns der wechselseitigen Abhängigkeit (Öffnung) bewusst zu werden.

Ritual: Kinhin, die Gehmeditation

Es gibt allerdings nichts Besseres als eine traditionelle Praxis, um sich dieser Magie auf konkrete Weise bewusst zu werden. *Kinhin* ist ein Gang im Rhythmus der Atmung, der im Zen-Buddhismus sehr verbreitet ist. In den Stadt-Dôjôs laufen die Meditationssitzungen meistens folgendermaßen ab: dreißig Minuten Zazen (Sitzmeditation), zehn Minuten Kinhin (Gehmeditation), dreißig Minuten Zazen. Die aufrechte Meditation basiert ganz und gar auf der Atmung. Sie hat den Vorteil, unseren Geist wieder in den Körper zu holen, ins Innere; wir kommen dabei »nach Hause«, vom Keller bis zum Dachboden, von den Füßen bis zum Kopf.

Wie man übt

Beginnen Sie die Übung, indem Sie sich beckenbreit hinstellen und dann einen Fuß in Fußeslänge vor den anderen setzen. Verlagern Sie nun beim Ausatmen das ganze Gewicht Ihres Körpers auf das vordere Bein. Bis zum Ende des Ausatems. Halten Sie einen kleinen Moment inne und lassen Sie den Einatem von selbst kommen. In genau diesem Augenblick – wenn der

Atem durch die Nasenlöcher eintritt – machen Sie einen halben Schritt nach vorn. Und dann beginnen Sie von vorne. Beim Ausatmen stützen Sie sich auf das vordere gestreckte Bein. Beim Einatmen gehen Sie ganz leicht, einen ganz kleinen Schritt nach vorn.

Was die Haltung von Händen und Armen angeht, so bildet die linke Hand eine Faust, wobei der Daumen sich im Innern befindet. Die Daumenwurzel liegt vor dem Solarplexus, unterhalb der Brust. Die rechte Hand umfasst die linke Faust. Die Ellenbogen werden waagerecht gehalten, um eine gewisse Energie im Körper aufrechtzuerhalten.

Die Wirbelsäule ist dank eines leichten Ziehens des Scheitels zum Himmel gestreckt.

Die Füße sind im Boden verwurzelt.

Die Augen – ein ganz wichtiger Punkt – sind schräg zum Boden hinab gerichtet, um den Blick und die geistigen Bilder zu beruhigen. Sie sind halb geschlossen und der Blick ist auf nichts fixiert. Völlig ruhig. Sie bleiben leicht geöffnet, damit an dieser Grenze zwischen innen und außen eine Form von zarter Präsenz beibehalten werden kann.

Aufgrund dieses Wechsels zwischen Spannung (Ausatmen, der Körper streckt sich) und Entspannung (Einatmen, der ganze Körper ist locker, bevor er vorangeht), stabilisiert sich die Atmung und kann zunehmend einen ruhigen Rhythmus annehmen. Auch wenn die ersten Schritte manchmal schnell sind, wird sich allmählich ein viel langsameres Tempo einstellen. Erzwingen Sie nichts. Lassen Sie Ihren Atem kommen, wie er will, ganz natürlich.

Indem Sie Ihren Körper und Ihre inneren Rhythmen respektieren, wird sich eine Ruhe ausbreiten wie ein Geschenk.

Wirkung

In den Siebzigerjahren ist der Choreograf Maurice Béjart dem charismatischen Zen-Meister Taisen Deshimaru begegnet. Daraus entstand ein lebhafter Austausch. Zwei Meister dieses Formats im selben Raum ... Zu gern wäre ich Mäuschen bei diesem Schauspiel gewesen! Jedenfalls hat Béjart, zweifellos vom Einfluss und von der körperlichen Intensität Deshimarus fasziniert, an Zen-Retreats teilgenommen. Was das Kinhin angeht, so hat der große Choreograf erklärt: »Kinhin ist die Essenz des Tanzes.« Eine Weise, in seinem Körper zu sein, anstatt daneben. Vollkommen bewusst von Kopf bis Fuß.

Was Meister Deshimaru angeht, so lehrte er seine Schüler, das Kinhin mit »der Intensität eines Tigers, der einen Wald betritt« zu praktizieren. Nichts Geringeres!

Mit Kinhin, dieser Meditation, die Körper und Atmung einschließt, werden Sie schnell eine zentrierende Wirkung spüren ... und die Erleichterung, die daraus erwächst. Die Haltung beim Kinhin erfordert einiges an Aufmerksamkeit. Umso besser! Auf diese Weise ist unser Geist ganz und gar auf die zu vollführende Aufgabe gerichtet. Die Sorgen können den körperlichen Empfindungen weichen. Mit ein wenig Übung wird sich eine starke Konzentrationsfähigkeit einstellen. Nach einigen Tagen wird Ihnen ein sehr wirksames Ritual zur Klärung Ihres Geistes zur Verfügung stehen. Die erste Stufe eines jeden spirituellen Wegs.

Dosierung

Die Praxis des Kinhin erfordert keine besondere Ausrüstung. Ein Körper genügt, selbst wenn er etwas eingerostet oder mollig ist. Üben Sie Kinhin möglichst mit bloßen Füßen, um die Erde besser zu spüren. Und öffnen Sie Ihren Gürtel, damit Sie gut atmen können. Das ist alles.

Deshalb ist die Dosierung einfach. Die Praxis ist täglich für zehn Minuten zu üben. Zu Hause, auf der Arbeit während der Mittagspause, im Wald, in einem Park, an einem Gewässer, vor einem Fenster, beim Aufwachen … Alles ist möglich!

Allerdings empfehle ich Ihnen, Kinhin nicht auf der Straße zu üben, aus Rücksicht auf die wahrscheinlich fassungslosen Blicke der Passanten. Aber warum eigentlich nicht? Einer muss ja schließlich die Mode auslösen. Erinnern Sie sich: Als die Handys aufkamen, waren wir etwas überrascht oder gar beunruhigt, jemanden allein vor sich hin reden zu hören, während er mit großen Schritten die Straße entlangging. Seither ist so etwas eine Konstante in der Geräuschlandschaft der Städte geworden.

Also … *I have a dream* … (Achtung historische Erklärung!): »Ich habe einen Traum, dass in einigen Jahren die Städte von Menschen übersät sind, die die Gehmeditation praktizieren. An der Bushaltestelle, in den Warteschlangen, im Supermarkt, auf den U-Bahnsteigen, in den Foyers zu den Vorstellungen … Es ist mein Traum, dass in all diesen Bereichen, wo wir gewöhnlich ungeduldig sind, der Mann und die Frau der Zukunft mit Würde und Eleganz Kinhin praktizieren.«

Amen.

Kapitel 11

Vom Ideal zur Wirklichkeit: den Traum verlassen und beginnen, zu leben

Im Juni 2017. Ein Vortrag zum Thema Stille anlässlich des Erscheinens meines ersten Buches.

Der Journalist: »Wir begrüßen nun eine ganz außergewöhnliche Frau. Sie ist buddhistische Nonne, wohnt in einer Hütte im Wald, ohne Wasser und Strom …«

Ich: »Nun, im Winter wohne ich nicht dort, dafür ist es viel zu kalt. Ich kehre wieder in das nahe gelegene und sehr bequeme Kloster zurück. Und außerdem habe ich Wasser und Strom. Meine Vorstellung ist nicht, asketisch zu leben, sondern mich dem natürlichen Rhythmus der Elemente anzunähern …«

Dialoge wie diesen gab es viele. So als bräuchte es immer etwas mehr, um die Leute zum Träumen zu bringen. Ich beeilte mich, diese Rolle abzulehnen, die einem automatisch aufgedrückt wird und die weit von der Realität entfernt ist. Nein, ich bin keine Entsagende, eine Sadhu (religiöse Wanderer in Indien), und auch keine außergewöhnliche Frau. Dennoch berührt dieses Etikett, das man mir anheften will, einen sensiblen Punkt.

Ich würde so gern. Ich würde so gern wie Ram Dass auf die Straßen hinausgehen und vom Betteln leben, ohne zu wissen, was morgen sein wird. Ich würde mich so gern wie der Buddha für neunundvierzig Tage an den Fuß eines Baumes setzen und die Erleuchtung erlangen. Ich würde gern diese Welt verlassen und Zuflucht in einem inneren Reich suchen. Es wäre farbenfroher und wärmer, von Naturgeistern, Elfen und kleinen Feen bewohnt, die kommen, um mir die Geheimnisse von Leben und Tod ins Ohr zu flüstern. Ich hätte die Fähigkeit, mit den Tieren und Bäumen zu sprechen, umherirrende Geister auf die andere Seite zu geleiten, die Energien wieder ins Gleichgewicht zu bringen, durch Handauflegen zu heilen und mich an die Grenzen des Universum zu beamen, um die Geschichte der Welt zu lesen. Ein besonderes Leben jenseits von allem Gewöhnlichen!

Und dann stoße ich mir einen Zeh an einem Möbelstück, wie jener berühmte chinesische Zen-Meister, und kehre in meinen Normalzustand auf die Erde zurück. Autsch!

Meine Sehnsucht nach dem Anderswo überkommt mich meist in schwierigen Perioden, die ich in der Gegenwart zu bewältigen habe. Dann, wenn ich eine Blockade habe, zögere oder deprimiert bin, kommt mir die Vorstellung, mir einen *longhi* anzuziehen, einen langen weißen Bart wachsen zu lassen und nach Indien zu fahren. Allerdings ohne mir sicher sein zu können, dass die Realität dann genauso romantisch ist wie mein Ideal. Kurzum: Nein, ich bin nicht außergewöhnlich, und es ist gut so, wie es ist! Denn mitten im Leben, »genau so, wie es ist«, wohnt das Wunderbare, in der Schlichtheit eines jeden Menschen. Das, was zweifellos außergewöhnlich ist, ist diese Einheit des Seins, der eine Schicksalsgemeinschaft innewohnt – die Weise, auf die das Eine und das Alles in jedem Menschen harmonieren, um einen ganz einzigartigen und originellen Weg zu schaffen.

Ich habe diese initiatorische Erfahrung des Seins, »wie alle anderen« zu sein, schon oft gemacht. Aufgrund meiner Vergangenheit (deren Geschichte zu erzählen ich Ihnen aus reinem Mitgefühl erspare, und auch, weil sie – außer für mich selbst – nicht sehr interessant ist) erschienen mir die gewöhnlichen Wege immer … ordinär! Zu alltäglich, als dass ich sie einschlagen wollte. Aber dieses einseitige Verständnis, diese Denkweise ist tatsächlich begrenzt. Die wahre Freiheit besteht darin, nach Belieben zwischen Autobahn und Feldweg wählen zu können. Darum ist es tatsächlich eine Erleichterung, wenn es mir – immer öfter – gelingt, »wie alle anderen« zu sein. Ein Sieg über ein vergangenes Karma.

Aber das ist noch nicht alles. Dieses »wie alle anderen« birgt wie erwähnt einen Schatz in sich: den der Seelengemeinschaft, des geteilten Schicksals und der Zugehörigkeit. Und er beinhaltet, sich nicht mehr im Abseits zu wähnen, sondern *mit* den anderen zu sein und damit anzufangen, sie wirklich zu sehen. Welch ein Abenteuer!

Nachdem ich Ihnen dies alles gestanden habe, werden jetzt sicherlich einige von Ihnen enttäuscht sein. Umso besser! Nicht, weil ich die Rolle der »großen spirituellen Schwester« ablehne. Ganz im Gegenteil. Meine Bücher, Videos, Interviews haben kein anderes Ziel, als gangbare Wege des Erforschens aufzuzeigen. Aber ich möchte dabei von der Realität ausgehen. Eine Frau, Nonne von rund vierzig Jahren, die selbst auf dem Weg ist und versucht, ihre Erfahrungen unverblümt zu teilen. Ausgehend von dieser gesunden Beziehung, könnte ich mit einigen von Ihnen beginnen, gemeinsam voranzuschreiten.

Es gäbe viel über die Idealisierung zu sagen. Die spirituellen Meister betrifft das entweder ein wenig, sehr stark oder ganz extrem. Das hängt alles von den affektiven Schwachstellen der Schüler ab. Wenn die Meister das Pech haben, diese Übertragung mit echter Liebe zu verwechseln, sind Tür und Tor für alle möglichen und vorstellbaren Formen des Missbrauchs geöffnet: Erniedrigung, sexuelle Gefälligkeiten, Geld ... Die Macht eines skrupellosen Meisters ist dann grenzenlos. Und das ist sehr bedauerlich.

Idealerweise – schon wieder! – wäre der Meister ein verwirklichter Mensch, ohne irgendeinen Fehler, mit außerordentlichen Kräften und einem überragenden Leben. Jemandem eine solche Vollkommenheit zuzuschreiben, offenbart in Wirklichkeit ein Bedürfnis nach Magie, nach Traum, nach etwas Wunderbarem, das weit vom echten Leben entfernt ist. Eine Art Projektion all unserer Fantasien auf einen anderen.

Ich bin sehr vielen Meistern aus vielen spirituellen Traditionen begegnet: denen des Zen-Buddhismus, des tibetischen Buddhismus, des Theravâda-Buddhismus, des Hinduismus und des christlichen Dominikanerordens. Die Eindrucksvollsten unter ihnen waren dies aufgrund ihrer Einfachheit. Durch ihre strahlende Weise, sich ihrer Grenzen bewusst zu sein. In Frieden mit sich selbst benutzten sie jeden ihrer »unvollkommenen« Anteile als Weg zur Erleuchtung. Manche Meister sahen fern, andere mochten gern von Zeit zu Zeit zu viel essen oder trinken, andere wiederum liebten es,

Komplimente zu bekommen. Aber sie waren sich dessen bewusst. Und sie versuchten, sich jeden Tag Schritt für Schritt still und leise größerer Weisheit anzunähern. Meiner Meinung nach ist ein solches Beispiel durch seine Nähe sehr viel hilfreicher für den Schüler als vermeintliche Vollkommenheit. Indem er seine Schwachstellen zeigt – und an ihnen arbeitet –, öffnet der Meister durch sein Beispiel einen Weg zur Versöhnung.

Doch aufgepasst! Ich versuche hier nicht, alle Fehler eines Meisters zu rechtfertigen. Das A und O ist, dass er sich seiner Unvollkommenheiten, seiner Neigungen bewusst ist und an diesen arbeitet. Wenn Sie den leisesten Zweifel an seiner Aufrichtigkeit haben, beobachten Sie, und bleiben Sie weiterhin wachsam und gehen von Bord, falls es nötig ist. Die Meister sind menschliche Wesen, und als solche können sie fehlgehen.

Neulich ist mir am Bahnhof eine junge Frau hinterhergelaufen. »Ich bin so froh! Ich hab's geschafft, ich treffe Sie! Ich habe Artikel über Sie in Zeitschriften gelesen und ich bin ein Follower von Ihnen auf Facebook.« Eine andere sandte mir eine Nachricht: »Ich muss Sie unbedingt treffen. Nur Sie können mir helfen.« In beiden Fällen läuten meine Alarmglocken. Was ist das für eine ideale Nonne, auf die sie sich beziehen möchten? Und vor allem: Woher stammt dieses Bedürfnis?

Natürlich werde ich sie treffen, ihnen zuhören, wenn es notwendig ist, und von der Praxis der Zen-Meditation sprechen. Doch ihre Projektion hat nichts mit mir zu tun. Die Rolle, die sie mir versuchen zuzuschreiben, ist direkt aus ihrem Unterbewusstsein gekommen und spiegelt zweifelsohne ein viel tieferes Verlangen wider: das Bedürfnis nach Spiritualität, das Bedürfnis nach einer besseren Welt, das Bedürfnis, anerkannt, geliebt oder anders zu werden. Und so finde ich mich auf dem Bildschirm ihrer Träume wieder, ohne dass die Persönlichkeit, die darauf projiziert wird, irgendeinen Bezug zur Wirklichkeit hätte. Nun gut.

In Anbetracht dessen bleibe ich also wachsam. Die Übertragung, zu der es kommt, kann den Vorteil haben, diese Menschen zu mehr Spiritualität hinzuführen. Sie kann eine Arbeit der Persönlichkeitsentwicklung in Gang setzen. Und ist daher gleichermaßen illusorisch wie wertvoll. Ich werde daher meinen Gesprächspartnern die volle Verantwortung für den Weg überlassen, bleibe aber währenddessen anwesend, nicht weit weg, verfügbar, für alle Fälle.

In den letzten Jahren hat man mir manchmal diese Frage gestellt: »Wie lebst du deine neuen Weihen, von allen Seiten beansprucht zu werden? Ist das nicht zu schwierig?« Einmal abgesehen von dem Wort Weihe, das mir ziemlich relativ vorkommt, habe ich in der Therapie viel – sehr viel – mit dem Thema Freiheit gearbeitet. Sie haben es bestimmt an der Häufigkeit bemerkt, mit der dieses Wort auf diesen Seiten vorkommt!

Ich war lange Zeit auf der Suche nach dem Gefühl der Freiheit; der Begriff war wie ein immer wiederkehrendes Mantra, wie der umgekehrte Spiegel des inneren Gefangenseins, das ich verspürte. Ich arbeitete im Schoß eines Zen-Klosters, das für seine Strenge in Bezug auf die Regeln und die Hierarchie bekannt war, am Thema Freiheit: was für ein ein Paradox! Aber welcher

Ort wäre besser geeignet, die eigenen Grenzen auszuloten als das Auge des Sturms? Die Freiheit mit ihrer Konsequenz, dem »Blick der anderen« ausgesetzt zu sein. Frei wovon, haben mich die Therapeuten gefragt. Die anderen. Sie. Die da.

Das war eine komplizierte Thematik, »sich vom Blick der anderen zu befreien«. Es dauerte lange. »Die anderen« nahmen viel Raum ein und verstopften die Fenster meiner Zelle. Als sich »die anderen« allmählich auflösten, blieben lediglich kleine weiße, leichte und zarte Leuchtfäden übrig, die das Zimmer erhellen konnten. Durch das Fenster erblickte ich ein Pferd, dann zwei, und dann eine ganze Herde, die im ersten Frühlingslüftchen friedlich grasten. Es dauerte lange. Es tat ziemlich weh. Aber ich habe es geschafft: »Die anderen« haben viel von ihrer Macht eingebüßt (nicht alles, seien Sie gewiss, es liegt noch ein langer Weg vor mir). Und ich konnte (wieder) anfangen, sie zu lieben!

Mit dieser wiedergefundenen Freiheit haben die Fragen nach dem Platz, den ich einnehme, und der Rolle, die ich spielen soll, ihre Bedeutung verloren. Der Platz ergab sich oder nicht. Ebenso die zu spielende Rolle. Ohne dass ich groß nachdenken musste.

Die wahre Freiheit besteht letztlich darin, die Rollen nach Belieben zu verlassen oder sie anzunehmen, wenn die Umstände es erfordern. Die Projektionen geschehen zu lassen, ohne darauf hereinzufallen. Von Komplimenten entzückt zu sein, ohne ihrer zu bedürfen. Und eine ganze Menge von ihnen das sein zu lassen, was sie sind: der funkelnde Widerschein der Person, die sie schenkt.

Ritual der Entzauberung

Aufgepasst! Es geht hier weder darum, dem, was man zuvor geliebt hat, seinen sakralen Charakter zu nehmen, noch es zu verbrennen. Sondern darum, anzunehmen und zu lassen.

Wie man übt

Es gibt mehrere Schritte, die Sie entweder in der Reihenfolge oder durcheinander machen können. Benutzen Sie lieber ein kleines Notizheft, um die Dinge gut einzuordnen und Ihre Überlegungen zu kanalisieren. Diese Praxis ist gleichzeitig mental wie emotional. Versuchen Sie auch, sich für das zu öffnen, was die unten gestellten Fragen an Gefühlen bei Ihnen hervorrufen. Sie können diese Praxis in mehreren Schritten durchführen:

- Wählen Sie eine Person, die Sie bewundern: einen spirituellen Führer, eine(n) Mentor(in), eine(n) inspirierende(n) Boss/Chefin und so weiter.
- Schreiben Sie alles auf, was Sie auf allen Ebenen an ihr mögen. Und weshalb Sie sie mögen oder bewundern.

- Schreiben Sie nun auf, was Ihnen nicht gefällt: an ihrem Verhalten, in ihrer Beziehung, in ihrer ganzen Art und Weise, ihrer Kleidung, ihrer Weltanschauung.
- Und dann vor allem: Schauen/studieren Sie, worin diese vermeintlichen »Fehler« gegen Ihre grundlegenden Werte verstoßen. Überlegen Sie mit Ihrem Herzen, um zu spüren, welches Ihrer Bedürfnisse durch dieses Verhalten nicht befriedigt wird. Beschäftigt er/sie sich nicht genug mit Ihnen? Ist er/sie zu streng? Kommt er/sie Ihnen gleichgültig vor? Scheint er/sie egozentrisch zu sein? Ist er/sie wirklich schlecht gekleidet? Und so weiter. Welche Position nehmen Sie in Bezug auf all dies ein? Welchen Ihrer Erwartungen vermag die Beziehung nicht zu entsprechen?

Wirkung

Meine Fragen sind recht allgemein formuliert, denn jede Situation und jeder Mensch ist anders. Doch wenn Sie sich Zeit nehmen, über die Beziehung nachzudenken, ermöglicht Ihnen das, Klarheit über die eigenen Erwartungen und Bedürfnisse zu erlangen und zu sehen, ob dieser von Ihnen ausgewählte Mensch dazu da ist, die zugedachte Rolle einzunehmen, oder für etwas anderes.

Die verschiedenen Antworten erlauben Ihnen vor allem, sich selbst besser kennenzulernen und dadurch klarere Interaktionen zu haben.

Das Ziel dieser Übung ist – sofern das möglich ist –, in Frieden mit den Fehlern wie mit den guten Eigenschaften des anderen zu leben. Gestattet man sich, eine Person in ihrer Gesamtheit anzunehmen, in einer Form von Weisheit und Wohlwollen, so spiegelt das auch einen befriedeten Blick auf einen selbst wider.

Kapitel 12

Wohlwollendes Zuhören

Wenden wir uns nun einem besonders wesentlichen Thema zu. Einem Thema, das Weisheit erfordert, viel Weisheit, ungeheure Weisheit: dem anderen zuhören zu können! Nicht, indem man so tut als ob; nicht, indem man versucht, die ganzen Probleme gleich in den Griff zu kriegen. Nein: indem man wirklich zuhört.

Dieses ZUHÖREN, großgeschrieben, setzt in der Tat verschiedene Eigenschaften voraus, die Ihnen zu beschreiben ich mich im Folgenden bemühen werde. Um ehrlich zu sein: Zu wissen, dass es diese Eigenschaften gibt oder dass sie präsent sein sollten, heißt noch lange nicht, dass man sie in die Praxis umsetzt, und ich ertappe mich regelmäßig dabei, anderen meinen Standpunkt aufoktroyieren zu wollen oder an Unterhaltungen teilzunehmen, während ich eigentlich an meine Pferde denke. Ganz zu schweigen von den vielen Malen, die ich meinen Gesprächspartnern ins Wort falle … Kurzum, da tut sich noch ein langer Lernweg vor mir auf!

Was brauchen wir also, um diesen Weg einzuschlagen? Welche sind die Werkzeuge, die uns zur Verfügung stehen? Und wie geht man in diese Richtung, die manchmal gegen unsere Natur zu sein scheint?

Es ist wirklich nicht einfach, dem anderen mit Respekt zuzuhören, vor allem, wo uns doch die Medien das Gegenteil demonstrieren. Im Wettstreit um das Publikum und auf unseren voyeuristischen Neigungen surfend, scheinen sie vor allem der *Auseinandersetzung* zwischen den Gästen den Vorzug zu geben, die somit zur Norm vor den Fernsehkameras wird; ganz gleich, ob es sich um Talkshows oder politische Sendungen handelt. Oder: Je blutiger das Video, desto mehr wird es auf den sozialen Netzwerken verbreitet. Man nennt das »einen Hype machen«.

Wenn diese Kommunikationsweise auf der Grundlage von Beschimpfungen von den Helden irgendwelcher Spiel- oder Fernsehfilme angenommen wird, geht das ja noch. Wir gestehen ihnen den mildernden Umstand der berühmten »kathartischen Wirkung« zu. Aber dass die Männer/Frauen aus der Politik, Literatur oder Philosophie sich genauso verhalten, verschlägt uns die Sprache. Wenn *sie* nicht gut kommunizieren, wen sollen wir dann bewundern oder als Vorbild nehmen? Wenn die Vorbilder nicht mehr ihre Rolle erfüllen, werden immer mehr Menschen es normal finden, einem ins Wort zu fallen oder von morgens bis abends ironisch zu sein.

Daher hier nun einige Anregungen, um den Prozess umzukehren und eine neue Mode ins Leben zu rufen: die des wohlwollenden Zuhörens!

Um gut zuzuhören, muss man die Ohren öffnen

Diese scheinbare Binsenweisheit lässt sich auf verschiedenen Ebenen verstehen.

Erst mal auf körperlicher Ebene, denn es geht ja darum, die eigene auditive Aufmerksamkeit auf die sprechende Person zu richten. Sie wissen so gut wie ich, dass es möglich ist – bei einer Cocktailparty zum Beispiel –, so zu tun, als hörte man jemandem zu, während man die Ohren hinüber zur benachbarten Gruppe gespitzt hat, wo gerade das fesselnde Thema der nächsten Beförderungen im Unternehmen erörtert wird.

Die Wissenschaftler haben diese Fähigkeit, den »Cocktailparty-Effekt« genannt. Bei den Katzen (auch wenn sie sich nur selten zu einer Cocktailparty begeben; bestimmt aufgrund ihrer ungeheuren und angeborenen Misanthropie, was aber nebenbei gesagt schade ist, denn ihre Kleider würden sicherlich Furore machen …) – also bei den Katzen zeigt sich diese Fähigkeit durch eine leichte Bewegung der Ohrmuschel. Bei den menschlichen Tieren, bei denen die Lauscher weniger beweglich sind, geschieht die Bewegung im Innern. Es gibt natürlich einige Menschen, die ihre Ohren bewegen können, ohne den Rest des Gesichts zu rühren, und die diese Kompetenz dazu benutzen, die billigen Plätze (meistens spätabends) zu unterhalten. Aber leider gehen sie nicht so weit, ihre Ohrmuschel so auszurichten, dass sie wirklich ihre Hörfähigkeit erhöhen. Die Katzen schon. Also kurz gesagt: Hören erfordert unsere Aufmerksamkeit körperlich und willentlich auf unseren Gesprächspartner zu richten und den Rest der Versammlung auszublenden.

Und nun auf einer eher inneren Ebene: Um die eigenen Ohren für den anderen zu öffnen, müssen wir unsere »kleine Stimme im Kopf« ausschalten oder leiser stellen. Denn auch wenn wir mit der Welt in Beziehung stehen, läuft eine Art inneres Tonband ab. Eine kleine Stimme, ein Jiminy Cricket, der die vor uns ablaufenden Ereignisse ohne jeglichen Filter kommentiert, analysiert und kritisiert. Aber seien Sie beruhigt, das ist völlig normal. Sie brauchen nicht zu erwägen, einen Psychiater anzurufen. Sie hören eine Stimme, ja, wie alle anderen auch … zumindest beinahe alle. Denn andere Menschen – die Maler, Fotografen oder Architekten zum Beispiel – besitzen eine innere Welt, die eher aus Bildern besteht. Diese können beweglich sein – innere Filme – oder nicht. Man spricht dann von visuellen Menschen, während die vorherigen (mit der kleinen Stimme) eher auditiv sind.

In jedem Fall müssen Sie sich einige Momente von »sich selbst« abwenden, um Ihrem Gesprächspartner zuzuhören!

Gut zuzuhören heißt, die eigene Kinderseele wiederzufinden

Tauchen Sie einen Augenblick in angenehme Erinnerungen an Ihre Kindheit ein. Zum Beispiel als Sie gespielt haben. In dem Augenblick, in dem ein Kind ein neues Spiel entdeckt, ist es von seiner Aufgabe total absorbiert und probiert aus, wie etwas funktioniert, mit einer Intensität, die der eines Testpiloten in nichts nachsteht. Die Augen weit geöffnet, ist es bereit, die Welt, die Erfahrung, die Farben, die Gerüche und die Laute aufzunehmen. Seine Aufmerksamkeit ist vollkommen auf das Spiel gerichtet. Wenn sich in einem solchen Moment ein Erwachsener einschaltet, reißt sich das Kind nur mit Mühe von seiner Aktivität los, wobei es seinen ganzen Körper wie einen Block mit sich schleppt. Es wendet den Kopf und bedenkt den Erwachsenen dann mit einem fragenden, naiven, offenen und bereitwilligen Blick; in seiner Frage genauso intensiv wie in der vorhergehenden Aktivität.

Wir sollten versuchen, diesen Blick in Bezug auf den anderen wiederzufinden. Zuhören … mit weit geöffneten Augen.

Gut zuzuhören heißt, nicht zu wissen

Hier kommen wir zu dem wesentlichen Punkt. Unterhaltungen gleichen in der Regel eher zwei übereinandergelegten Monologen als einem echten Austausch. Jeder gießt Wasser auf die Mühle, indem er durch Erinnerungen, Theorien oder sehr bestimmte Meinungen wieder zu dem aufgeworfenen Thema zurückspringt. Aber wurde dem anderen wirklich zugehört? Und wenn das nicht der Fall ist, was verhindert dies?

Während meiner Hypnose-Ausbildung haben wir lange über das Thema des Platzes des Therapeuten, die Empathie, das Verhältnis zur Unterschiedlichkeit und den so verlockenden Drang, dem anderen Ratschläge zu erteilen, gesprochen: »Wenn ich Sie wäre, würde ich dies oder jenes tun …«, oder auch: »Ich denke, dass Ihr Problem von einem Mangel an Selbstvertrauen herrührt, der mit Ihrer Kindheit zu tun hat« – das funktioniert garantiert! –, »und Sie Theater spielen sollten, damit es Ihnen besser geht.«

Aber wir sind nun einmal nicht der andere. Ihm eine vorgefertigte Lösung anzubieten verhindert, dass diese Person nach ihren eigenen Ressourcen forscht, und behandelt sie wie ein Kind, statt die Selbstwertschätzung zu stärken. Unsere therapeutische Arbeit sollte daher eher in der Begleitung liegen. Dem Menschen Werkzeuge an die Hand geben, mit denen er *seine* Lösung finden kann, diejenige, die *ihm* entspricht. Und wenn man gute Arbeit geleistet hat, wenn man den anderen wirklich hat suchen und finden lassen – ja, dann ist man von dem Ergebnis überrascht! Das ist ein gutes Zeichen. Ein Zeichen dafür, dass wir nichts erzwungen oder »verschrieben«, sondern unserem Gegenüber das Feld zur Entdeckung seiner eigenen kreativen Fähigkeit überlassen haben.

Doch um das zu erreichen ist es nötig, folgende Wendung zu machen: zu akzeptieren, dass wir etwas nicht wissen. Nicht vorwegnehmen, was der andere sagen wird, nicht schon vorher das Problem kennen und keine freien Assoziationen mit anderen Gesprächen oder analogen Situationen machen. Das Feld frei und offenlassen … selbst wenn es gefährlich ist!

Gut zuzuhören heißt, verletzlich zu werden

Denn all dies hat weitreichende andere Wirkungen. Diese Haltung des Nichtwissens ist außerordentlich spirituell! Zu akzeptieren, naiv zu sein, heißt tatsächlich, dem anderen den gesamten Raum zur Entfaltung zu überlassen. Es heißt ebenfalls, sich zu erlauben, mit unserer zartesten und verletzlichsten Intimität in Verbindung zu treten: einer Form von Zärtlichkeit, der einzigen, die eine Begegnung möglich macht.

Konkret gesagt: Wenn ich dem anderen wirklich zuhöre, habe ich ein Gefühl einer sehr großen und sehr verletzlichen Öffnung auf der Höhe der Brust. Mir scheint, dies ist die Stelle, an der die Akzeptanz stattfindet. Im Herzen. Aber statt von Akzeptanz zu sprechen, spreche ich lieber von einem Kreislauf: Der andere kreist in mir. Er kann frei eintreten und ebenso hinausgehen, je nach seiner Laune. Ohne dass ihm etwas vorgeschrieben wird oder ihn zurückhält. Denn den anderen zu lieben heißt auch, ihm zu erlauben, zu gehen, wie er gekommen ist.

In der Spiritualität ist häufig von der Öffnung des Herzens die Rede. Das ist letztlich eine sehr konkrete Erfahrung, die man körperlich spüren kann. Es kommt nur dann dazu – ganz plötzlich –, wenn der Verstand loslässt. Es ist nicht mehr nötig, etwas zu beweisen, intelligent zu sein oder eine gute Figur zu machen. Es ist auch nicht mehr nötig, besonders freundlich oder gut im »Zuhören« zu sein. Ein wahrer Rückzug. Vollkommen verkörpert.

Lassen wir uns dann darauf ein, zu verschwinden, kann der andere in all seiner Pracht in den Vordergrund treten.

Taisen Deshimaru hat den buddhistischen Tempel La Gendronnière bei seiner Gründung das Schloss der Nichtangst genannt. Eine großartige Botschaft für alle Praktizierenden jener Zeit: Die Spiritualität lädt uns ein, es mit allen Ängsten, Zweifeln oder schwierigen Emotionen, die uns gelegentlich heimsuchen, aufzunehmen. Und sie bietet zudem die Möglichkeit, hinter all dem einen Raum des Friedens und der Ruhe zu finden. Das Geheimnis, dies zu erreichen, ist ganz einfach (zumindest zu formulieren): mit der Angst einverstanden sein.

Während einer emotional gesehen recht rauen Periode habe ich einige Wochen lang ein kleines inneres Mantra eingesetzt, sehr grundlegend und sehr wirksam: »Okay, einverstanden, *willkommen*.« Das sprach die tiefe Traurigkeit an, die mich regelmäßig überwältigte. »Okay, einverstanden, *willkommen*.« Und die willkommen geheißene Traurigkeit konnte frei wieder gehen.

Ritual: Das stille Zuhören

Bei einigen von Ihnen wird das folgende Ritual Ihren Gewohnheiten völlig zuwiderlaufen. Umso besser! Oft versteht man die Dinge gerade durch den Kontrast.

Wie man übt

In meinem ersten Buch habe ich die Vorzüge von Stille ausführlich zur Sprache gebracht. Sie können dies bei einer Unterhaltung mit einer Person ausprobieren. Ich empfehle Ihnen, das Ritual lieber während eines Zwiegesprächs zu praktizieren als in einer Gruppe. Eine Beziehung ist so leichter zu etablieren.

Mit dieser Person, wer auch immer es sein mag, werden Sie sich aller Kommentare, Analysen oder Ratschläge, die Ihnen in den Sinn kommen, enthalten. Sie werden lediglich zuhören. Natürlich geht es nicht darum, den anderen allein reden zu lassen. Ihr Zuhören sollte achtsam sein. Wenn ein oder zwei Sätze nötig sind, werden Sie es spüren. Wenn aber nicht, lassen Sie ihn reden. Schauen Sie ihn an, nicken Sie mit dem Kopf und beteiligen Sie sich ohne Worte an der Unterhaltung. Verbinden Sie sich zutiefst mit dem, was Ihr Gesprächspartner Ihnen gerade erzählt, ohne zu urteilen.

Während Sie dies tun, tauchen ständig haufenweise Gedanken in Ihnen auf. Das ist normal. Versuchen Sie jedoch, sich ihnen nicht zuzuwenden. Wenn eine Idee auftaucht, wenden Sie Ihre Aufmerksamkeit von ihr ab und kehren Sie zu Ihrem Gegenüber zurück.

Damit dieser sich mit Ihrem Schweigen wohlfühlt, angenommen fühlt, konzentrieren Sie sich wirklich auf ihn und enthalten Sie sich jeglichen Urteils.

Wirkung

Wenn alles gut läuft, wird er sich tatsächlich äußerst wohl mit Ihnen fühlen. Ob das Thema freudig oder traurig ist, spielt keine Rolle. Ihr wohlwollendes Zuhören wird auf jeden Fall nützlich sein. Ohne Worte.

Mein Rat

Als Hilfe für sich selbst stellen Sie sich vor, Sie würden dieser Person zum ersten Mal begegnen und … seien Sie neugierig auf sie. Sie möchten sie gern kennenlernen, sie spüren, mit ihrer Energie in Verbindung treten. Es ist nicht unbedingt nötig, das, was die andere Person anspricht, zu verstehen. Lassen Sie Ihre intellektuellen oder analytischen Fähigkeiten einen Augenblick beiseite und öffnen Sie Ihr Herz.

Dieses Ritual ist sehr kostbar. Meines Erachtens ermöglicht es, allmählich eine andere Form von Beziehung zwischen den Menschen herzustellen. Wenn Sie es häufig praktizieren, werden Sie eine andere Weise des Zusammenseins aufzeigen. Ein friedliches und warmes Beispiel, das anderen, Ihnen und der ganzen Gesellschaft guttut.

Ihnen allen gebührt großer Dank im Voraus, wenn Sie damit die zukünftige Welt erhellen!

Kapitel 13

Ritual für den anbrechenden Abend

In der Abenddämmerung

Den Minuten der Abenddämmerung gilt meine große Liebe. Wenn das Licht allmählich schwächer wird und die Welt sich in einen undurchsichtigen, immer dichter gewobenen Schleier hüllt. Bald wird es dunkle Nacht sein. Aber bevor es so weit ist: Ist es der Tag, der geht, oder die Nacht, die anbricht? Schwer zu sagen. Licht und Dunkelheit scheinen eng umschlungen zusammen zu tanzen. Wer könnte schon den Unterschied erkennen?

Wenn die Augen mitten in einem Wald nutzlos werden, ist das leiseste Geräusch wahrnehmbar. Oft gehe ich hinaus, um einige Schritte im Dunkeln zu machen, und durchquere das Gestrüpp, um ins Innere des benachbarten Hochwalds zu gelangen. Die Brombeerranken haken sich fest, die Blätter rascheln unter meinen Füßen. Um mich herum beginnt der majestätische Wald sein nächtliches Leben, allen Blicken entzogen. Bei dem, was sich hier abspielt, geht es um Leben und Tod. Die einen werden zur Nahrung anderer. Die anderen werden dank der Ersteren leben. Doch inmitten dieser hundertjährigen Bäume, in der Dunkelheit, fühle ich mich beschützt wie in einem Kokon. Die Nachtvögel stoßen ihren kraftvollen Schrei aus, die Spitzmäuse spazieren umher, die Bienen schlafen (bestimmt, denn es ist zu kalt, um auszufliegen), und die halbwilden Katzen, die ich füttere, kommen, um ihre Tagesmahlzeit zu kosten. Ich höre, wie sie mit ihren kleinen Zähnen jeden Bissen knacken lassen. Heute Abend werden sie einen vollen Bauch haben, und diese schlichte Vorstellung erfüllt mich mit Freude.

Der Anfang und das Ende eines Tages sind für mich Schlüsselmomente. Man nimmt dann eine ganz andere Energie wahr; ganz gleich, ob man in der Stadt oder auf dem Land lebt. Für viele endet der Tag mit der Abenddämmerung. Natürlich gibt es auch Menschen, die im Schichtdienst arbeiten, die in der Gastronomie oder als Hotelportier oder Gefängniswärter arbeiten … Für diese ganze kleine Welt, wird der Tag sehr viel später enden, viel später, nämlich mitten in der Nacht.

Doch ganz gleich, wann Sie Ihren Tag beenden: Zu gegebener Zeit werden Sie langsamer werden. Sie werden das Gefühl haben, etwas zu Ende gebracht, Ihren Auftrag erledigt, Ihren Tag abgeschlossen zu haben. Anstrengungen sind nicht mehr erforderlich. Es tritt Entspannung ein. Es wird innegehalten. Der Körper nimmt ein anderes Tempo an. Und diese Augenblicke, kurz vor dem Schlafengehen, sind sehr kostbar.

Während einer langen Klausur in Japan vor einigen Jahren bin ich Kito Sensei, einer alten Nonne von damals achtzig Jahren, begegnet. Sie war ganz klein und ihr rundes Gesicht strahlte das größte Mitgefühl der Welt aus. Sie ließ mich an diese ungemein lieben japanischen Großmütter denken, die in den Mangas vorkommen. Kito Sensei hatte viele Jahre in Indien in einem Zen-Kloster verbracht. Sie war die Heldin eines Buches über das Leben der Nonnen in Japan namens

Women Living Zen. Trotz ihres hohen Alters besuchte sie noch immer regelmäßig das Ausbildungskloster im Zentrum von Nagoya, in dem ich im Retreat war. Sie brachte kleine Kuchen, Gemüse und vor allem … eine ungeheure Güte! Andere Nonnen kamen, um uns in formellen Kursen (auf Japanisch!) zu unterweisen. Nicht aber sie. Sie war einfach nur präsent und betrachtete jeden mit einer Mischung aus Vertrauen und Gelassenheit. Das Leben im Kloster war für mich schwierig, und ich erinnere mich an diese Begegnungen, die wie ein Balsam für das Herz waren. Einmal, als wir alle gemeinsam einen Tee tranken, sprach sie diese wenigen Worte: »Ich hoffe, Sie führen Ihr Abendritual gut durch. Das Ende eines Tages ist wichtig. Und vor allem, ihn in Dankbarkeit abzuschließen.«

In Japan drückt man seine Dankbarkeit aus, indem man sich ehrerbietig mit gefalteten Händen verneigt, *raihai*.

Und so habe ich angefangen, meine Zimmergenossinnen zu beobachten, denn – bis zu diesem Augenblick – hatte ich eher die Neigung, kaum dass die Schlafenszeit angekündigt wurde, in meinen Futon zu schlüpfen und sofort einzuschlafen. Es war nämlich sehr kalt, und das winzige Bett, das jeden Abend ausgerollt wurde, war mit einer Wärmflasche versehen und somit ein äußerst anziehender Hafen. Aber an diesem Abend, zögerte ich meinen Eintritt in das kuschelige Paradies ein wenig hinaus und erblickte Shodosan abwechselnd auf den Knien und aufrecht stehend, wie sie schnell drei Niederwerfungen machte, bevor sie einschlief.

Drei Niederwerfungen, um den Tag zu abzuschließen: was für eine wunderbare Idee! Das Leben bis zum Einbruch der Nacht zu ehren. Dieses Ritual hatte etwas, das mich begeisterte. Und so habe ich diese Praxis übernommen, als Hommage an Kito Sensei, die kleine Nonne mit dem riesigen Herzen.

Aber bevor wir weiterfahren, will ich etwas klarstellen. Liebe Leser, keine Sorge: Ich werde Ihnen Niederwerfungen zum Sonnenuntergang nicht als Ritual empfehlen. Denn nicht nur, dass ich mich in meiner Rolle als Guru des Sonnentempels noch nicht recht wohlfühle, ich erinnere mich auch an meine ersten Niederwerfungen während meines ersten Zen-Retreats und welches Unbehagen daraus erwuchs.

Das war vor rund zwanzig Jahren, eines Morgens gleich nach der Meditation. Ich war zu einem Zen-Retreat ins Kloster La Gendronnière gekommen, ohne groß zu wissen, was mich erwartete. Um sieben Uhr morgens (mitten in der Nacht für die Nachtschwärmerin, die ich damals war) wurden wir durch ohrenbetäubendes Glockengeläut aus dem Bett gescheucht. Ich übte Zazen im Halbschlaf, bevor ich mich von meinem Kissen erhob, um mich der Zeremonie anzuschließen. Und da, peng! Niederwerfungen! Sie müssen wissen, mich mit dem Gesäß in der Luft und der Nase auf dem Teppich wiederzufinden, erschien mir nicht im Geringsten spirituell. Es kam mir eher wie ein archaisches und antiquiertes, um nicht zu sagen etwas demütigendes Ritual vor. Kurzum, ich werde Ihnen nicht vorschlagen, sich niederzuwerfen – außer Sie sind damit vertraut –, und zwar aus der erwähnten Sorge heraus,

Sie zu sehr zu pushen. Spirituell gesehen wäre das zwar in Ordnung, aber ich will hier keine Frömmelei propagieren!

(Diejenigen von Ihnen, die diese Praktik der Hingabe bereits geübt haben, können das folgende Ritual durch Niederwerfungen ersetzen. Der Körper ist dabei stärker beteiligt und die Wirkung wird tiefer gehen.)

Um den Tag abzuschließen

Niederwerfungen (je nach Kontext auf Japanisch *hai* oder *pai* gesprochen) haben zahlreiche Vorzüge – so wie das für die meisten Rituale der spirituellen Traditionen der Welt gilt (allerdings habe ich Vorbehalte gegen die Opferung von Tieren, die nichts verlangen und nichts mit dieser Angelegenheit zu tun haben und die sich sicherlich damit zufrieden gäben, durch symbolische Figuren ersetzt zu werden).

Viele andere Rituale, die die Zeiten überdauert haben, entspringen hingegen einer großen Weisheit: einer Kenntnis der Welt und der menschlichen Natur, die diese Praktiken äußerst kostbar macht. Allmählich, Tag um Tag, offenbart sich ihr verborgener Sinn, wie eine Schatztruhe, die sich allmählich öffnet.

Das Ritual

Heute Abend erwartet Morpheus Sie. Es bringt nichts, jetzt den verborgenen Sinn von Ritualen auf intellektuelle Weise ergründen zu wollen. Es ist dafür viel zu spät. Und Sie haben für heute bestimmt genug überlegt. Um den Tag in einem Gefühl der Vergänglichkeit und der Leichtigkeit abzuschließen, schlage ich Ihnen nur diese Kleinigkeit vor: ein Räucherstäbchen abzubrennen.

Nehmen Sie ein feines Räucherwerk, das Sie zuvor sorgsam ausgewählt haben. Japanisches Räucherwerk verbreitet wunderbare Düfte, mal süßlich, mal holzig, die sich sozusagen auf Zehenspitzen verströmen, sachte, wie ein gut erzogener Gast. Diese Räucherstäbchen sind nicht im Geringsten mit dem billigen Kram, den man in Ethno-Läden findet, zu vergleichen, durch den man husten und spucken muss. Aber dies soll auch keine Anstiftung zum Luxuskonsum sein; ein jeglicher Duft ist dafür geeignet. Sie können stattdessen auch eine kleine Kerze anzünden (denken Sie nur daran, sie vor dem Schlafengehen zu löschen).

Stellen Sie sich folgende Szene vor: Sie wählen ein Räucherstäbchen, halten es mit den Fingerspitzen, entzünden es mit der kleinen Flamme eines Feuerzeugs, kontemplieren einen Augenblick das rot glühende Ende und opfern dieses Stäbchen wie ein Loslassen oder eine Reinigung.

Sie können es Gott, Allah, Wischnu oder dem Großen Geist weihen. Der Großen Mutter, Pachamama oder Xoc Bitum. Sie können es dem Leben weihen, dem verlöschenden Tag, den Menschen, denen Sie begegnet sind. Wie Sie wollen …

Sehr viele Wohltaten

Ein Akt zum Abschluss des Tages

Dieses Opfer bietet die Gelegenheit, den Tag zu beenden, die Alltagsereignisse ruhen zu lassen und – falls nötig – sich davon zu befreien. Wenn es gewisse Augenblicke gab, die nicht so einfach waren, erlauben wir uns, durch einen symbolischen Akt weiterzugehen. Oft sind Probleme, nachdem wir erst einmal eine Nacht darüber geschlafen haben, am nächsten Morgen schon weniger drängend. Dieses Ritual gestattet nun, bereits am Abend mit der Arbeit der Relativierung zu beginnen und einen Impuls des Vertrauens zu setzen; wobei das Thema lauten könnte: »Ich lege all das hier ab … In dem ätherischen Rauch dieses Räucherstäbchens kreist das Leben.«

Dankbarkeit zum Ausdruck bringen

Natürlich weiß ich nicht, wie Ihr Leben beschaffen ist. Manchmal ist es wahrscheinlich leuchtend, manchmal von dunkleren, ebenso vorübergehenden Zonen durchdrungen. Aber im Allgemeinen hatten Sie sicherlich etwas zu essen, ein Dach über dem Kopf. Vielleicht konnten Sie durch das Fenster einen Vogel den Himmel durchqueren oder ein Blatt im Wind tanzen sehen. Sie haben sich etwas allein gefühlt, dann friedvoller. Sie haben Prüfungen bestanden.

Für all dies und um einzuüben, die schönen Dinge zu sehen, die Sie umgeben, können Sie mit diesem Ritual beginnen, sich zu bedanken. Dieses Räucherwerk – oder diese kleine Flamme – wird also ein Zeichen der Dankbarkeit für den Tag sein, einen Tag, in dessen Verlauf das Leben, das große und schöne, in Ihnen von Kopf bis Fuß, bis in die kleinste Zelle, zirkuliert ist.

Den Körper mit einbeziehen

Unser Gehirn ist so aktiv, dass wir manchmal Schwierigkeiten haben, es zum Loslassen zu bringen. Wir sind wie Gefangene im Irrgarten der unzähligen Windungen unseres Gehirns, der Gedanken im freien Lauf.

In dieser kleinen Zeremonie ist es nun der Körper, der spricht und agiert. Unser Geist braucht lediglich der Bewegung zu folgen. Die Hände entzünden das Räucherstäbchen, die Flamme dehnt sich aus, die Düfte verströmen …

Es ist sinnlos, zu viel nachzudenken.

Und das Räucherwerk bringt behutsam die Vorstellung zum Ausdruck, mit dem Kämpfen aufzuhören. Pause. Alles ist okay. Es geht. Es ist gut.

Gute Nacht! (Und denken Sie daran, die Kerze zu löschen …)

Kapitel 14

Ein kleines Lächeln?

Ein buddhistischer Mönch in orangefarbener Robe, mit einem seligen Lächeln: Das naive Klischee ist allseits bekannt und mag der Sache, die es verkörpert, vielleicht sogar schaden … oder auch nicht. Denn für den Durchschnittsmenschen ist die Begegnung mit lächelnden Menschen oft segensreich. Im Lauf eines Tages tut es zweifelsohne gut!

Einige Gramm Freundlichkeit – der Dalai Lama spielt während einer Pressekonferenz den Clown –, die zwischen die deprimierenden Nachrichten der Nachrichtensender eingestreut sind. Eigentlich ist es genauso unverhältnismäßig wie ein Stofftierchen von Simba aus *König der Löwen* in den Klauen eines Raubtiers. Ein kurzes Aufflackern, aber der Anblick wärmt seltsamerweise unser kleines Herz.

Ich würde gern eine Blitzumfrage durchführen: »Ziehen Sie Menschen, die lächeln, jenen vor, die eher ernst schauen?« Aber … ich habe zu viel Angst vor dem Ergebnis!

Die Hindernisse auf dem Weg des Lächelns sind zahlreich, und viele Umstände bringen uns dazu, uns der Schar der düsteren Köpfe anzuschließen.

Will man den Anschein erwecken, hip zu sein, scheint es sich zu empfehlen, eine melancholische und vorzugsweise blasse Miene zur Schau zu tragen. Auf diese Weise kann man der Welt diese berühmte Schwermut zeigen, ein romantisches und ungesundes Erbe, das für einige noch weit nach der Jugendzeit zu einer

Lebenseinstellung geworden zu sein scheint. Gewisse Leute erleiden die Qualen des mit siebenunddreißig gestorbenen Dichters Arthur Rimbaud immer weiter: Mit langen Haaren und sich vom Wind treiben lassend, finden wir sie bei Konzerten englischer und amerikanischer Popgruppen in der ersten Reihe wieder, wo sie lässig im Rhythmus mit dem Kopf nicken, mit einem wissenden Gestus … und vor allem verdrießlich.

Im Kontrast dazu lässt einen das Bild des mit Vitaminpillen vollgepumpten Amerikaners – braun gebrannt, mit weißen Zähnen und strahlendem Lächeln – schaudern! Ich weiß nicht, wie das bei Ihnen ist, aber wenn ich einem dieser Archetypen begegne – einem Mann mit vorstehendem Kiefer: einem echten Mann! –, laufen mir kalte Schauer über den Rücken. Merkwürdigerweise wird dieser Anblick in meinen Gedanken meist sofort mit dem Bild seines Skeletts überlagert. (Seien Sie beruhigt, mein Psychiater ist auf dem Laufenden.) Das liegt bestimmt an zu viel Meditation über die Vergänglichkeit. Und so stehe ich da und stelle ihn mir vor, wie er dieselbe Show abzieht, mit demselben umwerfenden Schwung … ohne ein Gramm Haut, das seine Knochen bedecken würde! Der Kontrast zwischen diesen beiden Bildern ist frappierend. Das Erste scheint das Leben mit einem solchen Elan zu imitieren, dass schon etwas faul daran ist; das Zweite macht immer so weiter, ohne zu realisieren, dass es vom Leben zum Tod übergegangen ist.

Sie werden es verstanden haben. Diese Art von Lächeln, starr, künstlich, *healthy,* ist weit davon entfernt, beruhigend zu wirken. Es verführt sogar dazu – als

Gegengewicht sozusagen –, ein finsteres Gesicht aufzusetzen.

Die Armee der deprimierten Leute ist ziemlich beängstigend. Sie tragen die Last ihres Lebens, indem sie lang und breit und quer ihre kleinen oder großen Wehwehchen zur Schau stellen. Und sie scheinen glückliche Menschen als Naivlinge anzusehen, die noch nicht – aber auch nicht im Geringsten – realisiert haben, dass das Leben »etwas Ernstes« ist! Zugegeben, wie kann man lachen, wenn Kinder von den syrischen Bomben verschüttet werden oder eine scheinbar ewige Liebe soeben, noch viel zu jung, einem sich blitzschnell ausbreitenden Krebs zum Opfer gefallen ist? Gründe, ein finsteres Gesicht zu machen, gibt es in der Tat viele. Daran besteht kein Zweifel.

Angesichts all dieser Dinge, die der Freude und dem Lächeln entgegenstehen, bin ich also vorsichtig. Ich schreibe diese Zeilen, während ich meinen Geist zwischen dem Für und Wider, dem Ja und dem Nein, dem Links und dem Rechts (angenommen, dass diese Unterscheidung noch existiert) hin- und herwandern lasse. Und wenn ich mich als ein Naivling oder Glücksbärchi behandeln lassen müsste, wenn ich dazu ermunterte, »dem Leben zuzulächeln«? Wenn die einzige gültige Haltung die würdige und ernsthafte eines Vorsitzenden des Schwurgerichts wäre? Und übrigens, inwiefern ist die Praxis des Lächelns besonders spirituell?

Um auf solche Fragen antworten zu können, habe ich mich wieder in einige Erinnerungen vertieft …

Vor einiger Zeit wohnte im Kloster ein Mönch von trauriger Gestalt. Sein Lächeln hatte große Schwierigkeiten, zu erblühen, so als sei es unter einem Grabmal von Leiden beerdigt. Wenn er jedoch lächelte, war es, als ob die Sonne plötzlich die Wolken zerrisse, um die Ebene anzustrahlen. Kindliche Züge, einfach und fröhlich, tauchten auf: wie Tag und Nacht. Aber diese Öffnungen waren nur ein flüchtiges Aufleuchten, und die Schwere nahm schnell wieder ihren angestammten Platz ein. Welch ein Jammer!

Ein spontanes, unkontrolliertes Lachen war für ihn wahrscheinlich zu gefährlich. Lachen hieße sicherlich, dem Unerwarteten, dem Unbekannten die Pforten zu öffnen: Ein unmöglich einzugehendes Risiko. In dem Augenblick, in dem sich sein Gesicht – blitzschnell! – wieder verschloss, konnte man die Dringlichkeit spüren, sich wieder dem Bekannten zuzuwenden. Und sein vertrauter Schutz, die maskenhaften Züge, stellte sich wieder ein, wie üblich, wie gewohnt – seit uralten Zeiten!

Während ich ihn Monat für Monat beobachtete, gingen mir unterschiedliche Gedanken durch den Kopf. Als schamlose Partisanin der Freude und des Enthusiasmus hat er mich, ich gestehe es, ziemlich genervt. Wie konnte man nach so vielen Jahren Zen-Praxis dorthingelangen? War es zu viel verlangt, fünf Minuten aufzuhören, diesen Geist und diesen Körper zu schützen (um deren flüchtigen und illusorischen Charakter man weiß), um sich ein wenig dem anderen zuzuwenden? War es zu viel verlangt, ein kleines Lächeln im Vorübergehen zu schenken, wenn man sich in den Fluren begegnete? Ohne Grund, einfach so, aus Freude darüber, zusammen zu sein. Ich grummelte, schimpfte, wetterte und zeigte somit – Sie haben es bemerkt – die gleichen Fehler wie mein Mönch von der traurigen Gestalt. Kein Grund zu belehren!

Und dann warf seine Präsenz natürlich auch Fragen in mir auf. Haben wir wirklich etwas, woran wir uns freuen können? Wäre es nicht aufrichtiger, sich auf eine Welt einzustellen, die offenbar den Tragödien geweiht ist, darunter jene vorhersehbare, dass wir verschwinden werden? Denn andersherum: Dauernd eine gute Figur machen zu wollen, kommt ganz sicher einer ebenso künstlichen Haltung gleich wie die vorherige. All das auf Instagram inszenierte Glück, das ist doch nervig! Wir werden alle sterben: Es gibt also nichts zu feiern, oder? Den gegenwärtigen Augenblick vollkommen und aufrichtig zu leben, hieße das nicht schließlich, unsere Schmerzen und Emotionen in Echtzeit widerzuspiegeln, ohne etwas zu verbergen?

Wie Sie lesen können, war dieses Thema von großer Bedeutung für mich. Und es beschäftigt mich auch heute noch.

In vielen buddhistischen Unterweisungen ist die Botschaft jedoch klar: Dem Praktizierenden wird empfohlen, sein Lächeln zu schenken. Die ehrwürdige Japanerin Aoyama Rôshi hält regelmäßig Vorträge über dieses Thema, wobei sie selbst ein Lächeln aufsetzt, das zugleich warmherzig und pfiffig ist und einen anspornt, mehr darüber wissen zu wollen. Denn es handelt sich nicht um ein glückseliges Dem-Leben-Zulächeln. So weit sind wir noch nicht! Vielleicht später, wenn alle Quellen der Unzufriedenheit beseitigt sind, wenn unser Partner seinen Anteil an der Hausarbeit getan hat, wenn unsere Kinder uns Dankbarkeit zeigen, wenn die Israelis mit den Palästinensern Frieden geschlossen haben … Später … Eines Tages …

Unterdessen hier der empfohlene Weg: lächeln.

(Sie haben es verstanden, glaube ich, wenn nicht, lesen Sie das Kapitel bitte noch einmal von Anfang an.)

Den anderen zulächeln; den Engeln zulächeln; Ihre Katze anlächeln (das ist einfach!); Lächeln beim Gehen; Lächeln, wenn man in den Bus einsteigt; Lächeln, wenn man den Himmel betrachtet (welche Farbe er auch haben mag); der Nachbarin zulächeln; der verstreichenden Zeit zulächeln; im Regen lächeln; in der Nacht lächeln; lächeln, wenn man die Sonnenstrahlen spürt; wenn man die Luft in den Nasenflügeln spürt; wenn man ein Kind auf dem Fahrrad vorbeifahren sieht …

Lächeln, wenn die Sonne aufgeht; Donald Trump zulächeln; einer sich entfaltenden Blume zulächeln; einer verwelkenden Blume zulächeln; lächeln, wenn der Augenblick dafür gekommen ist; im Krankenhaus lächeln; seiner Mutter zulächeln …

Und spüren, dass sich da etwas öffnet, in einem Winkel des Herzens. So wie die Fähigkeit, im eigenen tiefsten Innern ein seltsames Etwas zu suchen. Einen Dreh, ein Dingsbums, ein Dingsda. Eine Art Herzklopfen, letztlich ziemlich angenehm, zart, warm und offen. In einem Winkel des Herzens, ein Dingsbums, das man … Liebe nennt.

Oh ja, ich habe es gewagt, das Lächeln UND die Liebe in einem Atemzug zu nennen. Mögen mir meine ernsthaften Freunde vergeben!

Ritual: Der lächelnde Buddha

Wie man übt

Wählen Sie einige Augenblicke am Tag aus, die Sie dem Lächeln widmen. Es geht nicht darum, von morgens bis abends zu lächeln; es sei denn, man will als Dorftrottel angesehen werden. Nur in kleinen Portionen, hier und dort, wie ein Frühlingsspaziergang am Nachmittag. Lächeln Sie beispielsweise am Morgen, wenn Sie aus dem Haus gehen. Sie haben massenweise Gründe, zu meckern, das gestehe ich Ihnen zu. Aber diese würden leichter zu ertragen sein, wenn Sie sie mit etwas Abstand betrachteten, von weiter weg, und sich entschieden, darüber zu lachen (oder zu lächeln, bleiben wir auf dem Teppich).

Aber beim »Lächeln«, worum geht es da eigentlich? Ich erkläre es für alle Fälle lieber noch einmal. Es geht darum, den Mund mit einer leichten Aufwärtsbewegung der Mundwinkel etwas in der Waagerechten auseinanderzuziehen. Die Zähne sind wahlweise sichtbar (breites Lächeln) oder auch verborgen (leichtes Lächeln). In beiden gerade genannten Fällen funktioniert es. Es ist die Absicht, die zählt, heißt es so oft, und die Absicht, zu lächeln, wird in Ihnen eine gewisse Leichtigkeit hervorrufen.

Wirkung

Hier nun das Geheimnis: Wenn Sie ein wenig so tun, als würden Sie lächeln, werden Sie am Ende wirklich lächeln. Am Anfang ist das eine Art Falschnachricht für Ihr Gehirn. Aber nach einigen Sekunden kann man nichts dagegen machen, dass die Stimmung umschlägt. Wohlbefinden lädt sich zum Festmahl des Lebens ein. Das Leben wird luftiger. Und vor allem: Sie entscheiden es!

Denn warum sollte man klaglos eine möglicherweise kummervolle Stimmung ertragen, die ungeladen aufgetaucht ist? Warum sollte man sie nicht durch eine angenehmere ersetzen? Das ist selbstverständlich leicht gesagt. Und wenn die Stimmung griesgrämig ist, scheint kein Lächeln mehr auf Lager zu sein. Neurologische Forschungen beweisen jedoch das Gegenteil: Eine Emotion nachzuahmen, bewirkt einen Kurzschluss im Gehirn und erlaubt ihm, die Richtung zu wechseln oder erst einmal einen neuen Raum zu öffnen, damit Sie Ihr gewohntes Verhalten verlassen können.

Was den Zen-Meister Dôgen (siehe Kapitel 4) anbelangt, so erzählt er im *Shôbôgenzô zuimonki* folgende Anekdote: In China wurden alte Weiber angestellt, bei Beerdigungen zu weinen. Und obwohl sie am Anfang nur so taten, weinten sie am Ende zwangsläufig wirklich. Der Meister ermutigt seine Schüler auf diese Weise, so zu tun, als würden sie praktizieren, die Rituale zu integrieren oder den Unterweisungen mit Begeisterung zu folgen: Auch wenn dies anfangs künstlich sein möge, so werde sich das Erwachen schließlich in den Alltagshandlungen manifestieren.

Ist Dôgen von den Neurologen bestätigt? So weit wollen wir nicht gehen (außer, man möchte das Erwachen in Begriffen von elektrischen Impulsen messen, was meines Erachtens ganz besonders der Poesie ermangelt), aber wir können vielleicht diese doppelte Botschaft vernehmen.

Haben Sie erst einmal die Wohltaten des Lächelns erfahren, genügt es, beim leisesten Anflug von Verdrossenheit, von »was soll's« oder eines tiefen Seufzers Ihre Massenaufrichtungswaffe (cheese!) einzusetzen. Ihre Stimmung wird sich grundlegend verändern; aber das ist noch nicht alles. Indem Sie dies praktizieren, können sie auch im Hinblick auf das riesige Evolutionsprojekt der Menschheit auf verantwortungsvolle Weise handeln. Ein Beispiel geben. Und auf die Zukunft zuschreiten, mit dem Lächeln auf den Lippen, einer Blume hinter dem Ohr, während Sie überall auf dem Weg Samen des Optimismus ausstreuen.

Dosierung

Um eine neue Gewohnheit im Körper anzunehmen, lächeln Sie jeden Tag ein bisschen. Wenn Sie eher ein brummiger Typ sind, lächeln Sie noch öfter!

Ein Zen-Meister wurde einmal von einem Praktizierenden, einem überaktiven Geschäftsmann mit vielen verantwortungsvollen Aufgaben, gefragt: »Meister, ich würde wirklich gern jeden Tag fünfzehn Minuten üben, wie Sie es empfohlen haben. Aber ich habe keine Zeit. Mit der Arbeit, der vielen Verantwortung, den Aktionären … fünfzehn Minuten, das ist unmöglich.« Darauf der Meister mit einem großen Lächeln auf den Lippen: »Sie können sich nicht fünfzehn Minuten am Tag Zeit nehmen? Sehr schön. Dann üben Sie eine Stunde!«

Sie haben einfach keine fünf Minuten am Tag Zeit zum Lächeln? Sehr schön: Lächeln Sie dreißig Minuten lang!

Kapitel 15

Reinkarnieren Sie sich …
Jetzt!

»But people don't live or die, people just float.«
Bob Dylan »Man in the Long Black Coat«

Ganz gleich, wohin mein Blick sich wendet, welche Bücher ich zufällig in die Hand nehme, welchen Lehrern ich begegne, welche Wissensgebiete ich studiere, überall scheint die gleiche Botschaft in Großbuchstaben angeschlagen zu sein. Sie stammt aus allen Teilen der Welt. Sie ist mit Weisheit der Menschheit angereichert, schon bevor sie an meine spirituellen Ufer anbrandet. Eine Botschaft von höchster Dringlichkeit und bemerkenswert präzise: »Reinkarniert euch, verdammt noch mal!«

Oder anders ausgedrückt: »Komm hier in deinen Körper zurück, sofort!«

Wie bitte? Aber was hat mein Fleisch, mein Körper bei alledem zu suchen? Ich träume davon, mit den Wildgänsen zu fliegen, lebenden Buddhas zu begegnen und Botschaften aus dem Jenseits zu empfangen. Ich habe Lust, während der langen Winterabende, wenn der Himmel tief hängt, meiner Vorstellungskraft freien Lauf zu lassen. Mir eine Welt aus Licht und himmlischen Schwingungen vorzustellen … Also, Ihre Reinkarnation, die können Sie behalten!

Wie immer begann ich zu schimpfen, bevor ich der Angelegenheit zustimmen mochte. Es steht außer Zweifel, dass ich einen Körper brauche, um auf dem spirituellen Weg voranzukommen zu können. Und ich muss ihn zudem ganz und gar, von Kopf bis Fuß, mit Achtsamkeit bewohnen. Denn wenn die Transzendenz im gegenwärtigen Augenblick durchbricht, ist dieser gegenwärtige Augenblick der Körper. Suche ich anderswo, laufe ich große Gefahr, auf mentale Weise eine neue Vorstellung von der Spiritualität zu schaffen, ein bloßes Konzept, ein eingebildetes Königreich, das gewiss äußerst reizvoll ist, aber von vorn bis hinten erfunden.

Denn die nach dem Absoluten Suchenden gehen noch viel weiter: Sie kehren zur Quelle zurück. Sie suchen in dem Raum, der kurz vor den Gedanken, vor der Vorstellung liegt, der den Worten und Bildern vorgelagert ist.

Die Eingangstür dorthin führt durch den Körper! Daher rührt diese Botschaft von der Inkarnation, die seit Jahrtausenden von Mystikern aller Art endlos wiederholt wird: die Transzendenz? Das geschieht hier!

(Pause) Ich lasse den Träumerischsten unter Ihnen einige Minuten, um das leider nur imaginäre Paradies zu betrauern.

Es ist nicht einfach. Seit der Kindheit lieben wir es, uns vorzustellen, dass Elfen die Baumstämme emporklettern und dass die Sterne himmlische Wesen beherbergen, die ganz in Weiß und glitzernd gekleidet sind und manchmal auf die Erde kommen, um uns zu besuchen.

Eine kleine Pause also, damit Sie auf den Rücken des gegenwärtigen Augenblicks klettern und beschließen können, die Magie hier unten, in dieser Existenz zu finden.

Eine ziemlich notwendige Pause, denn gleich darauf wird es nötig sein, sich mit dem Leben herumzuschlagen, dem echten, jenem, in dem man sich eine Grippe einfängt oder eine Autoimmunkrankheit … (Pause).

Gut, noch fünf Minuten … (Pause) … Zeit, um den Engeln des Himmels Adieu zu sagen und die Begegnung mit den Engeln der Erde zu ermöglichen, die gleich um die Ecke wohnen.

Live aus einer Meditationssitzung in Straßburg

Also zurück zum Körper, den wir von morgens bis abends mit uns herumtragen. Mehrere Male im Monat leite ich in Straßburg eine Sitzung zur Einführung in die Zen-Meditation für Anfänger. Eine der ersten Fragen, die ich dann oft stelle, ist: »Sind Sie mit Ihrem Körper gekommen?« Die Frage ruft Lächeln hervor, aber wenn ich die Gesichter betrachte, sehe ich gelegentlich ein Zögern.

Diejenigen, die unmittelbar in ihren Körper zurückgehen können und ihn im Bruchteil einer Sekunde wieder spüren, sind selten. Noch seltener sind die Personen, die dauerhaft eine Form von Körper-Geist-Präsenz angenommen haben, welche man »Achtsamkeit« nennt, in der der Körper ein weites Feld der Bewusstheit bildet, wenn nicht gar mehr. Denn die meisten Individuen befinden sich noch in einem Zustand, in dem sie häufig suchen müssen, wo ihr Körper ist. »Mmh … ja … ich spüre die Arme, die Beine. Aber um beispielsweise meine Füße zu spüren, muss ich mich ziemlich konzentrieren. Das geht nicht sofort. Und vor allem fehlen mir dann auch noch einige andere Körperteile.«

Diese Bewusstwerdung ist, auch wenn sie ziemlich unangenehm sein mag, sehr heilsam. Im Allgemeinen hat der Kopf allen Raum eingenommen. Die Welt wird fast permanent unter die Lupe genommen und analysiert. Der von der Meditation vorgeschlagene Weg ist ein anderer: möglichst direkt zur körperlichen Empfindung zurückgehen. Es ist selten, dass sich keinerlei Urteil einmischt. »Ich mag das, ich mag das nicht, es ist heiß, es ist kalt, mir tut mein Knie, mein Rücken, meine Schulter weh und so weiter …« (Die Liste eventueller Leiden ist genauso umfangreich wie ein Lexikon der Medizin.)

Aber es ist möglich, »im Körper zu bleiben«, das heißt, unsere Aufmerksamkeit bewusst auf den riesigen Raum zu lenken, der gleich hier, unterhalb des Kopfes, verfügbar ist. Diese Konzentration gestattet uns zunächst, unseren Geist in den gegenwärtigen Augenblick zu bringen. Und dann ist es auch möglich – durch Übung –, die Aufgabe, den Geist zu beobachten, von einer anderen Form von Bewusstheit übernehmen zu lassen; damit diese berühmte »Achtsamkeit«, der Gral der buddhistischen Praktizierenden, sich entfalten kann!

Für alle Menschen, die ein zersplittertes Körperbild und eine dementsprechende Empfindung haben, ist die Erfahrung der Meditation daher äußerst zuträglich. Eine der Übungen besteht tatsächlich darin, sich aller Etagen des Hauses bewusst zu werden, von den Füßen aufwärts bis zum Kopf, um in Echtzeit das pulsierende Leben wahrzunehmen. Zu Beginn meines buddhistischen Wegs hatte ich einen (dicken) Kopf, Schultern und Schenkel. Der Rest des Körpers war sozusagen unbewohnt, abwesend. Und dann wurde das innere Reisen immer vertrauter. Wie eine zweite Natur. Mit dem damit einhergehenden Vergnügen, sich von Kopf bis Fuß vollkommen lebendig zu fühlen.

Die Hindernisse, endlich vor allem eins …

Leider gibt es einige Hindernisse auf dem Weg zu unserer Inkarnation. Bevor wir in den Genuss gelangen, einfach eine Himbeere zu schmecken oder frisches Gras unter unseren Füßen zu spüren, müssen wir über einige Hürden springen. Und zuerst über die Höchste: Wenn wir zu den unmittelbaren Empfindungen zurückkehren, erhalten wir die Gesamtheit von ihnen. Das Gesamtpaket. Wundervolle Empfindungen (der Geruch der Pferde, die tiefe Atmung, das Wohlgefühl im Bauch …), aber auch Dinge, die wir sonst geflissentlich meiden: Wehmut, Traurigkeit, einen Schmerz in der Schulter … Denn auch die Emotionen sind körperlich spürbar.

Jetzt die gute Nachricht: Wie der Buddha vor zweitausendsechshundert Jahren bemerkte, sind alle Emotionen/Empfindungen vergänglich. Das ist eine der Grundlagen seiner Lehre. »Okay, es gibt Leiden. Okay, manchmal tut es weh, aber nichts dauert ewig.«

Was soll man nun also mit diesen verschiedenen Elementen anfangen?

- Mit der Notwendigkeit, in den Körper zurückzukehren, um wirklich das Leben schmecken und im gegenwärtigen Augenblick sein zu können.
- Mit der gelebten Erfahrung »im Körper tut es manchmal weh!« (diejenigen, die Meditation praktizieren, wissen, wovon ich spreche …)
- Mit der Feststellung, dass die angenehmen wie unangenehmen Dinge vergänglich sind.

Der Schlüssel liegt in dieser letzten Feststellung. Da »alles vorübergeht«, brauchen wir nur zu beobachten, wie die Empfindungen im Körper auftauchen und verschwinden. In buddhistischer Sprache klingt das folgendermaßen: »Beobachten, ohne zu ergreifen«. Nach kurzer Zeit verschwinden die Empfindungen/Emotionen. Und wir können eine Form innerer Freiheit wiederfinden.

»Im wirklichen Leben« ist die Neigung natürlich eher folgende: die (meist als negativ empfundene) Emotion ablehnen, eine Ausflucht, eine Lösung oder äußere Gründe suchen, die uns aller Verantwortung entheben.

Rituale der Reinkarnation

Oh je, oh je! Beim Schreiben des Zwischentitels »Rituale der Reinkarnation« habe ich plötzlich das Bild einer Schamanin auf einem kleinen Pferd gesehen, die in den Steppen Zentralasiens auf dem Weg zur Welt der Geister ist. Sie singt mit rauer Stimme einen monotonen Gesang, während die Trommeln immer schneller schlagen. Sie befindet sich in der Nähe eines Birkenwaldes und scheint in ihn hineinreiten zu wollen … Wird sie dort jemanden abholen? Die Geistführer anrufen? Hinweise zur Ernennung des nächsten Schamanen zusammentragen? All das ist ganz schön merkwürdig … und ziemlich fesselnd, nicht wahr?

Nun gut, wir werden nichts von alledem tun! Selbst unsere magischsten Rituale werden uns wieder mit dem Realen verbinden. Lassen wir also (für den Augenblick) alle Anzeichen von Trance beiseite, sammeln wir unsere verstreuten Gliedmaßen zusammen und konzentrieren wir uns auf das, was es zu leben gilt. Jetzt. Mit der Befreiung als Aussicht. Hopp.

Es geht los!

Das kleine Glück

Hier nun etwas, das man im Buddhismus ein »geschicktes Mittel« nennt: Finden wir etwas Angenehmes, das uns Lust macht, wieder in den Körper zurückzukehren. Man kann diese Übung als eine erste Stufe, einen ersten Schritt ansehen.

Wie man übt

Welche Bereiche Ihres Körpers sind in diesem Augenblick vom Leiden verschont? Oder, um es auf angenehmere Weise zu formulieren: In welchem Bereich fühlen Sie sich gut? Im Bauch? In den Armen? Bei den Wangen? Am unteren Rücken? Machen Sie es sich zur Gewohnheit, Ihre Aufmerksamkeit so oft wie möglich auf eine angenehme Empfindung zu richten. Ist sie warm, kühl, lieblich, rund, weich? Bitte bleiben Sie einen Moment dabei; so lange, um das Gespürte zu verankern und daraus eine Orientierung für Ihr Leben zu machen.

Lassen Sie sorgsam alle anderen möglicherweise schmerzhaften oder unangenehmen Bereiche außen vor, um – bewusst – einen positiven Fokus zu schaffen.

Wirkung

Es geht darum, sich anzugewöhnen, in den Körper zurückzukehren. Und, Sie werden es selbst feststellen: Die Sache ist viel motivierender, wenn das Ritual Spaß macht. Diese Rückkehr zum Körper erlaubt es Ihnen, herunterzukommen, die Zeit anzuhalten und langsam aber sicher (das ist ein Lernvorgang) einen Raum der inneren Ruhe zu finden. Denn vom Körper ausgehend, kann man wirklich das Leben schmecken und die Schönheit der Welt kontemplieren.

Dosierung

So oft wie möglich; wann immer Sie daran denken. Und um öfter daran zu denken, bringen Sie in Ihrer Umgebung Haftnotizen an!

Wer bin ich?

Betrachten Sie das vorherige Ritual als eine Etappe. Die Nächste besteht darin, nichts mehr zu suchen. Weder die angenehmen noch die unangenehmen Dinge. Denn es gibt durchaus Menschen, die am Leiden hängen, die ihre Aufmerksamkeit gern auf negative Dinge lenken. Diese Neigung gestattet ihnen auf paradoxe Weise, sich zu beruhigen, indem sie ihre Existenz oder zumindest ihre gewöhnliche Weise zu denken bestätigt.

Hier handelt es sich lediglich darum, sich der Empfindungen bewusst zu werden, und sie fröhlich – oder auch nicht – durch unseren Körper-Geist spazieren zu lassen. Nach einigen Minuten – oder einigen mehr – kommt es zu einer Form von Distanziertheit. Empfindungen und Emotionen werden weiter wahrgenommen, aber sie laufen über die Bühne wie die Solotänzer in einem Ballett. Einige Sprünge … ein Lufthauch … zwei oder drei langsame Bewegungen des Bogens über die Saiten der Violine … Und schon befinden wir uns in einer einfachen, ganz einfachen Ouvertüre zu dem Leben, wie es ist.

In diesem Leben hier, wer bin ich? Woher kommen diese Empfindungen, diese Emotionen, dieser Körper? Wenn diese Vorstellungen und Empfindungen so leicht einander abwechseln, woraus besteht dann letztlich meine Persönlichkeit? Gibt es irgendetwas Stabiles, das man aufrechterhalten kann?

Ich schlage Ihnen vor, dass wir dieses Buch mit diesen schwindelerregenden Fragen schließen. Mögen sie Sie ein Stück des Wegs begleiten und funkeln wie die kleinen Sterne eines spirituellen Lebens.

Geben Sie auf sich acht …

Schlusswort

So. Nun ist es Zeit für mich, zu gehen. Sie können dieses Buch nun schließen, sich ausgiebig wie eine Katze räkeln und vor allem, wenn es nicht bereits geschehen ist, damit beginnen, einige der Rituale zu praktizieren. Etwas weiter unten finden Sie ein Bibliografie, die Ihnen helfen soll, bestimmte Aspekte zu vertiefen.

Dieses Buch endet hier, aber vielleicht nicht unsere Begegnung. Ich habe in den letzten Jahren viele Ressourcen für Sie vorbereitet, um Sie auf dem Weg zu begleiten. Sie können nach eigenem Ermessen darauf zurückgreifen, wenn Sie möchten. Die meisten sind gratis und im Netz zugänglich wie eine riesige Schatzkiste.

Auf meiner Website www.dailyzen.fr finden Sie:

- **Videos**: Vorträge, Erklärungen zur Zen-Meditation, zahlreiche Reportagen/Interviews … auf Französisch, Englisch, Deutsch und Spanisch.
- MP3-Dateien: Geführte Zen-Meditationen, Erläuterungen zur Atmung, über den Körper, Vorträge, Zen-Geschichten, Lektüre von grundlegenden buddhistischen Texten. Sie können Sie online anhören oder sie für später herunterladen.

- Texte und Berichte über den Buddhismus im Alltag (am Arbeitsplatz, in der Liebe, in der Familie …).
- Die Termine meiner Veranstaltungen hier und da, in Frankreich oder sonst wo in Europa … Und ebenso viele Gelegenheiten, uns »in echt« zu begegnen.

Ich wünsche Ihnen eine schöne Praxis auf diesem von Rosen gesäumten Pfad. Und zum Abschluss schenke ich Ihnen folgendes Gedicht von Fernando Pessoa, das die vorangegangenen Seiten – tausendfach feiner – zusammenfasst:

Einige wenden ihre Augen rückwärts
und sehen, was sie nicht sehn; andre richten
die gleichen Augen auf die Zukunft, sehen,
was niemand sehen kann.

Warum so weit entrücken, was so nah ist –
unsre Gewissheit? Dieser Tag und diese
Stunde und dieser Augenblick, sie sind
das, was wir sind, sind alles.

Beständig fließt – unabsehbar – die Stunde,
die einst uns tilgt. Im gleichen Atemzug,
in dem wir leben, sterben wir. So pflücke
den Tag, denn er ist du.

Einige Zauberbücher

Für die deutschsprachige Leserschaft eine kleine Auswahl an Büchern, die meine Praxis begleiten. Ein Eintauchen in das Herz der Tradition des Sôtô-Zen: Taisen Deshimaru, Meister Dôgen; etwas Poesie: Christian Bobin; sowie eine von mir sehr geliebte Meisterin der tibetischen Tradition: Pema Chödrön. Mögen diese Perlen Ihren Weg erleuchten!

Gute Lektüre »auf Deutsch«!

- *Fragen an einen Zen-Meister,* von Taisen Deshimaru. Werner Kristkeitz Verlag.
- *Za-Zen – Die Praxis des Zen,* von Taisen Deshimaru. Werner Kristkeitz Verlag. (Ein essenzielles Werk des japanischen Meisters, der die Zazen-Praxis in den Sechzigerjahren nach Europa gebracht hat. Ein Mensch, ein Mann mit einem überdurchschnittlichen Charisma, der zutiefst verankert und voller Humor ist.)
- *Durch Gelübde leben – Eine Einführung in die Gelübde und Rezitations-Sutras des Zen,* von Shohaku Okumura. Werner Kristkeitz Verlag.
- *Unterweisungen zum wahren Buddhaweg – Shôbôgenzô zuimonki,* von Eihei Dôgen, herausgegeben von Shohaku Okumura. Werner Kristkeitz Verlag.

- *Frieden in schwierigen Zeiten – Eine buddhistische Sicht der Dinge,* von Pema Chödrön. Arbor Verlag. (Ein kleines, zugängliches Buch, das hilft, mit dem Werk der Versöhnung zu beginnen oder weiterzugehen.)
- *Wenn alles zusammenbricht – Hilfestellung für schwierige Zeiten,* von Pema Chödrön. Goldmann Verlag.
- *Zen-Geist, Anfänger-Geist – Unterweisungen in Zen-Meditation,* von Shunryu Suzuki. Theseus Verlag. (Wie und weshalb man einen frischen Blick auf die Welt einnehmen sollte. Ein intensives und aufwühlendes Buch.)
- *Seid wie reine Seide und scharfer Stahl – Das geistige Vermächtnis des großen Zen-Meisters,* von Shunryu Suzuki, Heyne Verlag.
- *Zen-Mönch in Europa,* von Roland Rech. Werner Kristkeitz Verlag.
- Das Werk Christian Bobins. In der Edition Spuren sind auf Deutsch erschienen: *Alle Welt hat zu tun, Melusines Lächeln und Freude-Funken.* (Zauberhafte Geschichten und Essays von einem der meiner Meinung nach größten Dichter des einundzwanzigsten Jahrhunderts; Experte in der Kunst, das Nichts zu zelebrieren.)
- *Zen. Die unlehrbare Lehre,* von Stephan Schuhmacher. Kösel Verlag. (Wie das Unlehrbare gelehrt wird, demonstriert am Beispiel der großen Meister, die den Zen-Buddhismus geprägt haben.)

Danksagungen

Offen gestanden, dieses Buch ist nicht aus meiner persönlichen Arbeit entstanden. Oh nein, ich habe keinen Ghostwriter angestellt, um diese Zeilen zu verfassen. Aber, wie es die buddhistischen Meister häufig formulieren: Alles erscheint aufgrund eines großen Zusammentreffens von Ursachen und Bedingungen. Ähnlich wie das Brot des Bäckers zu Herstellung und Verkauf (nicht unbedingt der Reihe nach) Weizen, Wasser, Luft, Elektrizität, eines Bäckergesellen und einer Verkäuferin bedarf, so ist das Buch, das Sie in den Händen halten, die Frucht von Begegnungen, Lektüre, erhaltenen Unterweisungen und verschiedensten Gesprächen.

An dieser Stelle möchte ich insbesondere dem Zen-Meister Olivier Reigen Wang-Genh für sein Vertrauen und sein Vorbild im Alltag danken.

Dank gilt auch den Freunden bei meinem französischen Verlag Editions First: Sophie Rouanet, James Elliott, Marion Lécuyer (www.bibichepresse.paris) für ihren Enthusiasmus und ihre Kreativität.

Auch allen ausländischen Übersetzern und den Verlegern, die mein erstes Buch in Übersetzung herausgegeben haben, sei gedankt.

Dank gilt zudem den Lesern und Praktizierenden, denen ich hier und dort begegnet bin und die mir die

Energie zum Schreiben gegeben haben: Dieses Buch ist für Sie.

Dank geht an die »Große Sangha«, von der Assoziation Zen Internationale, mit der ich jeden Tag arbeite. Ich freue mich schon auf die nächsten Retreats im Zen-Tempel von La Gendronnière (www.zen-azi.org).

Ein Gedanke voller Dankbarkeit gilt Tséwang, dem mexikanischen Diamanten.

Und an alle Praktizierenden der Sangha des Drachen vom Zen-Tempel Ryumonji im Elsass, die mich Tag für Tag inspirieren, geht ebenfalls Dank.